draußen
Dümmer und Wiehengebirge

Südufer des
Dümmersees
(Foto: Bergmann)

TIPS

Fototips
Vögel auf dem Wasser 22
Mäuse 32
Störche im Nest 53

Wußten Sie...
Räuber-Beute-System 32
Brombeerforschung 70
Verteilung zwischen Land und Meer zur Zeit der Dinosaurier 76
Sonagraph 87

Stichwort
Torfabbau im Venner Moor 36

Bemerkenswert
Konkurrenz 62

INHALT

Übersichtskarte und Editorial 2

Dorado für Sumpf- und Wasservögel: Dümmer
Bunte Vogelwelt zu allen Jahreszeiten
6—23

Vielgestaltige Lebensräume im und am Wasser
Von großen und kleinen Mäusen
24—33

Wiederherstellung von Lebensräumen
Moore aus zweiter Hand?
34—43

Sorgenvogel des Jahres
Störche leben gefährlich
44—55

Wiehengebirge: Treffpunkt für Pflanzen aus Ost und West
Vom Bärlauch zur Brombeere
56—73

Fossile Indizien
Den Sauriern auf der Spur
74—83

Vögel und ihre Gesänge
Auch Buchfinken haben Dialekte
84—91

Wandervorschläge Dümmer, Stemweder Berg und Wiehengebirge
Naturbeobachtungen vom Wege aus
92—97

Informationen für Naturfreunde 97
Register und Impressum 99
Erschienene und nächste Bände 99

Graugänse
(Foto: Weber)

Dorado für Sumpf- und Wasservögel: Dümmer

BUNTE VOGELWELT ZU ALLEN JAHRESZEITEN

Vor der Eindeichung ein Vogeldorado, drohte der Dümmer nach dem Trockenlegen der Vogelwiesen zu verarmen. Sporadische Bewässerung brachte jedoch Grau- und Saatgänse wieder zu reicher Vermehrung. Etwa dreihundert Haubentaucherpaare sorgen sich auf Schwimmnestern um ihren Nachwuchs. Kampfläufer und Kiebitze geben ein koboldhaftes Balzintermezzo, bevor sie nach Norden ziehen. Rund zweitausend Lachmöwen streiten um einen Brutplatz in den Schlammbänken, und zirka fünfzig Trauerseeschwalbenpaare stellen den größten Brutbestand in der Bundesrepublik.

Vom Deich bei Hüde aus ist der Dümmer weit zu überblicken. Gegenüber, im Nordwesten, erheben sich die Hügel der bewaldeten Dammer Berge. Die aus der flachen Niederung zu ihnen aufsteigenden Felder und die am Fuße dieses Höhenzuges gereihten Dörfer werden durch die Bruchwaldkulisse des Dobben am jenseitigen Ufer fast verdeckt.

Der breite Röhrichtgürtel, der das Westufer entlangzieht, erscheint gegen den dunklen Hintergrund von Wald und Deich als hellgrüner Streif. Nach Süden zu, vor der Huntemündung, hat sich das wogende Röhricht weit in den See vorgeschoben. Am Ostufer sind die größten Schilf- und Riedbestände durch den Deich von der freien Wasserfläche getrennt worden. An dem leicht zugänglichen Ufer im Nordosten vor Lembruch hat die Natur den Wochenendsiedlungen, Campingplätzen und Bootsanlegern sowie dem Freizeittrubel weichen müssen.

Mit zwölf Quadratkilometer Wasserfläche ist der Dümmer der zweitgrößte niedersächsische Binnensee. Er bildet das Zentrum der als Dümmerbecken bekannten, rund dreihundert Quadratkilometer großen Niederung. Sie wird im Süden von einem Vorposten der Mittelgebirgsschwelle, den aus Kalksandstein bestehenden Stemweder Bergen, begrenzt. Die Dammer Berge sowie der Hohe Sühn und die Kellenberge umgeben sie als Moränenwälle in einem Halbkreis. Nach Osten geht die Dümmerniederung ohne klare Grenze in die bis zur Weser reichende Ebene über. Im Westen verbindet das Große Moor das Dümmerbecken mit der Hase-Niederung.

Der See selbst ist äußerst flach. Seine größte Tiefe beträgt nur eineinhalb Meter. Flache Ufer umgeben ihn. So können hier große Bestände von Sumpf- und Wasserpflanzen gedeihen. Diese dicht wuchernden Pflanzengürtel haben teilweise eine ungewöhnliche Zusammensetzung.

Vor dem West- und Südufer ragen kleine und größere ›Struwwelschöpfe‹ aus dem freien Wasser. Diese Inselchen und Inseln bestehen aus Teichbinsen, die weit in den See hinein auf flachem Grund wurzeln. Die Buchten vor dem zusammenhängenden Röhrichtwald sind von den runden Schwimmblättern der Teich- und Seerosen überzogen. Im Sommer entfalten sich die schlichteren gelben und die großen, zartweißen Blüten und spiegeln sich im trübdunklen Wasser.

Nur an wenigen Stellen dringt das Schilf noch bis zur offenen Wasserfläche vor. Rohrkolben und die verfilzten Bestände des großen Wasserschwadens haben es zurückgedrängt. Rohrkolben und Wasserschwaden sind hier weitab vom Ufer von dem fein lilablütigen Bittersüßen Nachtschatten, den bizarren Bäumchen des Wasserschierlings, den riesigen Lanzenspitzen der Fluß-Ampferblätter und den Blattfächern des Igelkolbens durchsetzt.

Zum Land hin folgt auf das Schilf wieder der Wasserschwaden, der in eine Seggenwiese überleitet, die auf trockenen Stellen auch von Süßgräsern durchsetzt ist. Diese durch hohe Nährstoffanreicherung gestörte Pflanzengesellschaft der Verlandungszonen und Niedermoore findet an dem Fuß des Deiches, der den See eng umschließt, ein jähes Ende. Das Land jenseits des Deiches ist trockengelegt worden und hat seinen Sumpflandcharakter fast vollständig verloren.

Die Ausdehnung des Dümmers blieb keineswegs immer gleich. Zeitweilig muß er die ganze Niederung bedeckt haben. In trockeneren Perioden schrumpfte er wieder auf fast die heutige Größe zusammen. Solche Schwankungen des Wasserstandes gab es aber nicht nur im Verlauf der Jahrtausende, sondern auch in der alljährlich wiederkehrenden Folge der Winter- und Frühlingshochwasser. Dann breitete der See sich weit über die Niederung aus. Er wurde auch kräftig durchgespült, so daß er nicht zuwachsen konnte.

Vom Hochmittelalter an haben die hier siedelnden Menschen immer wieder versucht, die Moore und Brüche trockenzulegen, um sie als Wiesen und Weiden zu nutzen. Zusätzlich zu der durch den See fließenden Hunte wurden als Ausflüsse die Lohne, Grawiede und der Ompteda-Kanal gegraben. Sie alle hatten die Aufgabe, das Wasser möglichst schnell abzuleiten. Der Erfolg dieser Bemü-

Rechts: Singschwäne gehören zu den besonders schützenswerten Gastvögeln am Dümmer. Normalerweise bevorzugen sie als Winterquartiere die Küsten. Ihre Brutreviere liegen auf Island und in Skandinavien.
(Foto: Walz)

hungen blieb aber gering: Fast jedes Jahr stand die gesamte Hunteniederung zeitweilig unter Wasser. Ältere Pläne zur völligen Trockenlegung des Sees wurden glücklicherweise nicht verwirklicht.

Zu Beginn unseres Jahrhunderts wurde dann der Entschluß gefaßt, durch einen Ringdeich um den See und Rückstaudeiche entlang der Hunte das Hochwasserproblem endgültig zu lösen. 1940 wurde die Deichlinie abgesteckt. Zuvor hatte es zwischen Landwirten und Naturschützern einige Auseinandersetzungen gegeben. Die einen wollten den Deich dicht am Wasser haben. Die anderen wollten eine möglichst große Verlandungsfläche erhalten wissen.

Mit dem Deichbau wurde nach dem Kriegsende begonnen. 1953 war das Werk vollendet.

Nunmehr, nach gut dreißig Jahren Erfahrung mit der neuen Situation, muß ehrlicherweise zugegeben werden, daß die durch den Deich geschaffenen Schwierigkeiten den alten zumindest ebenbürtig sind.

Die Sorgen der Landwirtschaft konnten durch den Deich und einen westlich des Sees geführten Randkanal weitgehend behoben werden. Vor dem Hintergrund der Agrarüberschüsse in der EG erscheint der rigorose Eingriff, der eine urtümliche Landschaft total veränderte, jedoch übertrieben und kurzsichtig: Er durchtrennte die für Pflanzen und Tiere so überaus wertvolle amphibische Zone zwischen Wasser und Land und brachte auch für den See nicht vorausgesehene Gefahren. Schon bald war aus dem mäßig belasteten Gewässer, das sich dank der jährlichen Spülung noch gut selbst reinigen konnte, ein hochgradig gefährdeter See geworden. Die Einleitung ungeklärter Abwässer und die Einschwemmung von Düngemitteln aus der intensivierten Landwirtschaft führten schon kurz nach dem Deichschluß zu übermäßiger Nährstoffsättigung.

Die begradigte, zwischen Dämme eingezwängte Hunte konnte ihre Schwebstofffracht nicht mehr auf Wiesen absetzen, sondern trug sie in den See hinein. Da Schlamm

Unten: Die Sumpfohreule ist im Dümmergebiet als Brut- und Gastvogel anzutreffen. Ihre kleinen Federohren sind auf dem Foto nicht sichtbar. Da ihre Lebensräume, wie Moore, Heiden und Sümpfe, seltener werden, ist ihr Überleben gefährdet.
(Foto: Limbrunner)

Links Mitte: Als Wintergäste finden sich Tafelenten auf dem Dümmer ein. Die schwarze Brust und der hellgraue Körper charakterisieren die Männchen.
(Foto: Limbrunner)

Ganz unten: Sicher hat der Kormoran ein Beutetier erspäht.
(Foto: Walz)

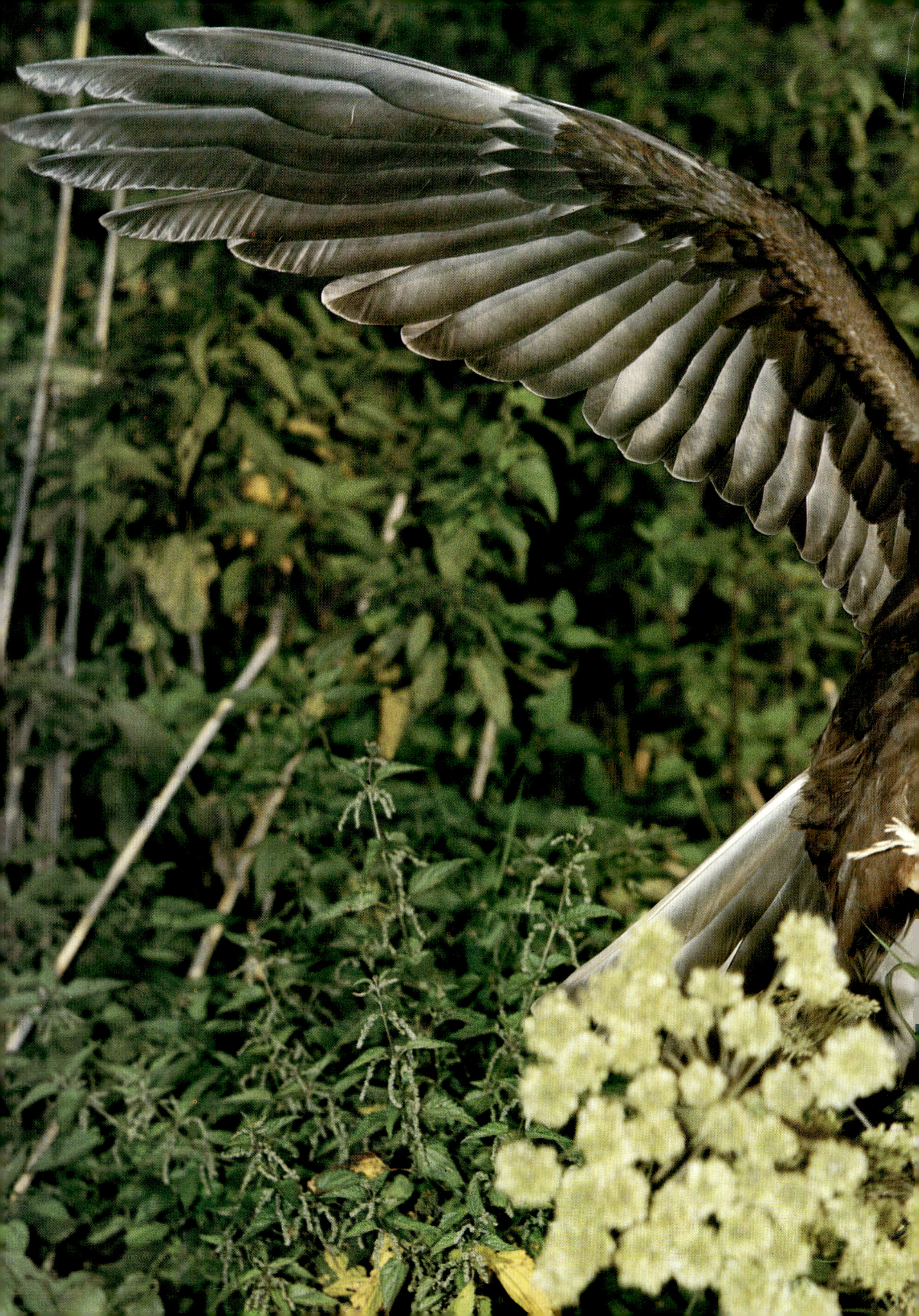

HB Bildatlas SPEZIAL
Themen 1984/85

- Nr. 11 Bauwerke der Gründerzeit
- Nr. 12 Das deutsche Bier
- Nr. 13 Wasserschlösser im Münsterland
- Nr. 14 Alte Handwerke
- Nr. 15 Flüsse in Deutschland
- Nr. 16 Weingebiet Rheinpfalz
- Nr. 17 Königsschlösser in Bayern
- Nr. 18 Die Alpen im Winter

HB KUNSTFÜHRER
Themen 1984/85

- Nr. 5 Münster und das Münsterland
- Nr. 6 Regensburg und die Oberpfalz
- Nr. 7 Oberammergau Pfaffenwinkel
- Nr. 8 Heidelberg und die Bergstraße
- Nr. 9 Koblenz und der Mittelrhein
- Nr. 10 Schleswig-Holsteins Westen
- Nr. 11 Augsburg/ Bayerisch Schwaben
- Nr. 12 Oldenburg und Ostfriesland
- Nr. 13 Xanten und der Niederrhein
- Nr. 14 Konstanz und der Bodensee
- Nr. 15 Frankfurt, Wiesbaden und der Taunus
- Nr. 16 Schleswig und Schleswiger Land

HB Naturmagazin draußen
Themen 1984/85

- Nr. 30 Rheinhessen
- Nr. 31 Österreichs Donau-Auen
- Nr. 32 Fränkische Schweiz
- Nr. 33 Deutsch-niederländischer Naturpark Maas-Schwalm-Nette
- Nr. 34 Spessart
- Nr. 35 Dümmer und Wiehengebirge
- Nr. 36 Oberpfälzer Wald
- Nr. 37 Camargue
- Nr. 38 Odenwald
- Nr. 39 Helgoland
- Nr. 40 Deutsch-luxemburgischer Naturpark
- Nr. 41 Hohe Mark (Münsterland)

HB Bildatlas
Themen 1984/85

- Nr. 43 Zwischen Elbe und Weser – Bremen
- Nr. 44 Kraichgau – Nördlicher Schwarzwald
- Nr. 45 Jütland
- Nr. 46 Hohenloher Land
- Nr. 47 Vorarlberg
- Nr. 48 Die Mosel
- Nr. 49 Saarland
- Nr. 50 Mainfranken
- Nr. 51 Osnabrücker und Tecklenburger Land
- Nr. 52 Südlicher Schwarzwald und Hochrhein
- Nr. 53 Tessin
- Nr. 54 Wien

ANTWORTPOSTKARTE

Bitte freimachen

PEGASUS GMBH
Naturmagazin HB-draußen
– Leserservice –
Postfach 33

7000 Stuttgart 1

Bitte hier in Druckbuchstaben Name und Adresse eintragen!

Vorname

Name

Straße

PLZ Ort

Bitte zahlen Sie erst nach Erhalt der Rechnung.

ANTWORTPOSTKARTE

Bitte freimachen

PEGASUS GMBH
HB-Bildatlas
– Leserservice –
Postfach 33

7000 Stuttgart 1

Bitte hier in Druckbuchstaben Name und Adresse eintragen!

Vorname

Name

Straße

PLZ Ort

Bitte zahlen Sie erst nach Erhalt der Rechnung.

Vier gute Gründe, immer im Bilde zu sein

Rohrweihe

Wenngleich die Rohrweihe in der Bundesrepublik zu den bedrohten Vogelarten gehört, brütet sie in den Mooren und Röhrichten des Dümmers sogar noch häufig. Sie ist als spezialisierter Nestplünderer der ärgste Feind der Enten, Wasserhühner und Schnepfen. Mit ausgebreiteten Flügeln stürzt sie sich über die Beute und würgt sie mit Fang und Schnabel.
(Foto: Limbrunner)

und Pflanzenreste durch die Hochwasser nicht mehr aus dem Seebecken getragen werden konnten, bildete sich eine mächtige Faulschlammschicht, die sich bevorzugt im Windschatten des Westufers absetzte.

Die Folgen sind schon beschrieben worden. Das Schilf wird immer weiter zurückgedrängt und durch eine weniger lebensfreundliche Pflanzengesellschaft ersetzt. Die untergetaucht wachsenden Pflanzen, wie die für viele Wasservögel als Nahrung so wichtigen Armleuchteralgen, sind inzwischen verschwunden. Die starke Wassertrübung läßt nicht mehr ausreichend Licht bis zum Seeboden hindurchdringen.

Windkraftgetriebene Pumpen bewässern trockengelegte Wiesen

Durch kostenaufwendige Entschlammung wird versucht, den Schaden wieder notdürftig zu reparieren. Die Wirkung ist gering. Erfolgreicher sind da schon die Bemühungen, wenigstens einige Hektar der einst viele Quadratkilometer großen Überschwemmungsfläche den auf sie angewiesenen Vögeln zurückzugeben. Was die Natur früher frei Haus und überreichlich lieferte, muß nun, nachdem man ihr gründlich ins Handwerk gepfuscht hat, mit Aufwand bewältigt werden.

Teich- und Vogelwiese sowie Hohe Sieben sind mit Graben und Wall umgebene ehemalige Überschwemmungs- und Verlandungsflächen. Mit windkraftgetriebenen Pumpen werden hier nun das winterliche Hochwasser und das langsame Abtrocknen im Frühjahr bewerkstelligt. Die Vögel haben diese Hilfe schnell und ›dankbar‹ angenommen.

Auch wenn die Eindeichung also für alles Leben in, auf und um den Dümmer höchst nachteilige Folgen hatte, bleibt er doch immer noch ein bewahrenswertes Kleinod. In seinem Buch, ›Der Große Binnensee‹, nimmt der Naturschriftsteller Walter von Sanden-Guja in treffenden Stimmungsbildern den Leser mit auf eine Wanderung durch die Jahreszeiten am Dümmer. Er zeigt den See so, wie ihn nur einer sehen kann, der die Sprache von Wasser und Wind sowie von Pflanzen und Tieren versteht.

So soll auch dieser Gang zur winterlich überstauten Vogelwiese im Südosten mit seinen Worten beginnen: ›Der See stürmt mit weißen Wellen und hellen Schaumstreifen gegen das Ufer. In dem breiten Rohrgürtel bricht sich die Wucht der Wellen. Die Vogelwiese ist dem Sturm weniger ausgesetzt. Der Deich schützt sie etwas. Etwa dreißig Reiher stehen verteilt und reglos wie Pfähle im Stauwasser. Auf einer trockenen Stelle laufen die ersten Kiebitze umher. Auch ein kleiner Starenschwarm ist dort gelandet und sucht nach Insekten, die das hohe Grundwasser aus dem Versteck trieb.

Am zahlreichsten sind aber die Wildenten. Die Tauchenten bleiben auch bei Sturm auf dem See. Auf der Vogelwiese sind es fast nur März- (Stock-) und Pfeifenten, und immer neue kommen mit schmalen, gewinkelten Flügen gegen den Sturm heran. Nach dem Einfallen sichern sie kaum. Gleich tauchen die großen Schwimmentenschnäbel in das Wasser, die Gräser darin durchschnatternd und durchseiend. Ich stehe auf der Deichkrone und habe die nächsten Enten kaum hundert Schritte von mir. Sie sind es seit ein paar Jahren gewöhnt, Menschen auf dem Deich zu sehen, die ihnen nichts tun.‹

Seit 1971 ist der Dümmer Wildschutzgebiet. Wasservögel dürfen hier nicht mehr gejagt werden. Die Enten, Gänse und anderen gefiederten Gäste können nun die Rast- und Nahrungsplätze einigermaßen ungestört nutzen.

Nach der Vollendung des Deiches verödete auch die Vogelwiese. Die langandauernden Überflutungen blieben aus. Nun, nachdem achteinhalb Hektar seewärts des Deiches mit einem niedrigen Wall umgeben wurden und künstlich vernäßt werden können, sind auch die Vögel wieder da.

Vom Deich aus hat man immer noch den besten Überblick. Die großen hellgrauen Gänse mit den orangenen Schnäbeln und den rosafarbenen Beinen, die dort die ersten grünsprießenden Gras-

Rechts: In Scharen tummeln sich Kiebitze auf den Frühjahrswiesen.
(Foto: Schmelzenbach)

spitzen abweiden, sind erstaunlich zutraulich. Vor einigen Jahren waren sie hier noch sehr selten. Jetzt sind es schon wieder über vierhundert, die sich dauernd am Dümmer aufhalten.
Sie sind nicht etwa zurückgekehrt, weil die Verhältnisse besser wurden. Sie stammen vielmehr zur überwiegenden Zahl von wenigen vor zwanzig Jahren angesiedelten Graugänsen ab. Dank guter Pflege, vor allem reichlicher Winterfütterung, haben sie sich kräftig vermehren können. Ihre Zahmheit kann wohl auch teilweise darauf zurückgeführt werden, daß sie sich mit den angestammten Hausgänsen eingelassen haben.
Natürlich bleiben bei solchen Gänsescharen Konflikte nicht aus. Da die trockengelegten Feuchtwiesen oft bis an den Deich heran, ja sogar in dem seit Jahrzehnten bestehenden Naturschutzgebiet zu Maisäckern umgewandelt werden, bleibt den Gänsen nichts anderes übrig, als auf diese Ackerflächen auszuweichen. 
Aber nicht nur die Graugänse, auch eine Familie der weit dunkleren Saatgänse hat sich, wohl angelockt durch die Verwandten, auf der Vogelwiese niedergelassen. Aufmerksam sichernd, stehen sie mit hochgereckten Hälsen da. Ihnen ist die Nähe der beobachtenden Menschen doch nicht geheuer. Sie breiten ihre großen Schwingen aus und fliegen dicht über dem See nach Norden. Auf den weitläufigen Osterfeiner und Lohauser Wiesen finden sie sich in den letzten Jahren wieder regelmäßiger ein. Früher, als sich rings um den Dümmer noch die riesigen Überschwemmungsflächen ausbreiteten, waren es noch Tausende. Zu ihnen gesellten sich auch die kleineren, weißstirnigen Bläßgänse. Sie sind hier heute leider recht selten geworden.
Auch die weiter huntewärts außerhalb des Deiches gelegene Teichwiese ist jetzt geflutet. Schon von weitem fallen die leuchtend weißen, großen Schwäne auf. Ob diese neun schneefarbenen und drei noch jugendlich grauen Gesellen Sing- oder Zwergschwäne sind, läßt sich noch nicht ausmachen. Mit tief

Links: Schnatterenten haben im Unterschied zu allen anderen Gründelenten einen weißen Spiegel auf den Flügeln. Das Weibchen des im Foto gezeigten Erpels ist mehr eintönig braungelb gefleckt.
(Foto: Wothe)
Unten: Ein Haubentaucher mit seiner Lieblingsnahrung.
(Foto: Walz)
Ganz unten: Wie variabel Kopf- und Halsfedern bei Kampfläufern gefärbt sein können, ist an diesem Bild gut zu erkennen. Vor dem Weiterflug nach Norden balzen sie auf den Wiesen am Dümmer.
(Foto: Weber)

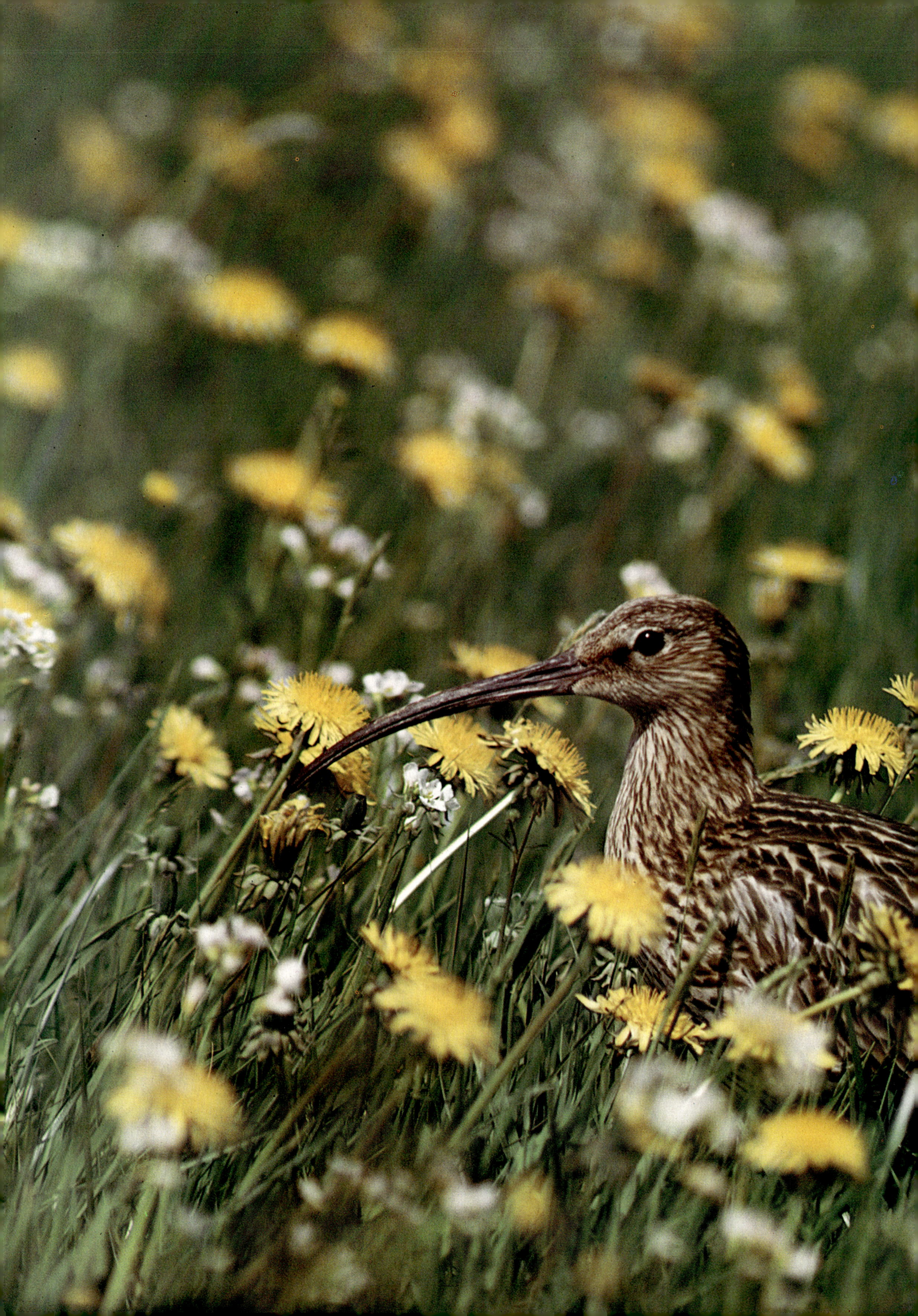

Großer Brachvogel

In den Mooren, Feuchtwiesen und Weiden der Dümmerniederung ist ab März ein flötendes ›Tlaüi‹ zu hören. Es ist der Brachvogel, der sich zur Brut dort eingefunden hat. In einer flachen Bodenmulde brütet er seine vier Eier aus. Die Nahrung besteht aus Würmern, Krebstieren und Schnecken. Hin und wieder nimmt er auch Beerenkost.
(Foto: Hofmann)

eingetauchten Köpfen weiden sie das überflutete Gras ab. Sobald einer äugend den Kopf hebt, ist mit dem Fernglas gut zu erkennen, daß das Gelb der Basis sich keilförmig weit zur Schnabelspitze zieht. Es sind eindeutig Singschwäne, die hier eine Rast eingelegt haben.

Hochzeitsstimmung bei Pfeif-, Krick-, Knäk- und anderen Enten

Jetzt, Ende Februar, ruhen schon überall die Erpel mit dem dunkelrotbraunen Kopf und dem hellgelben Scheitel neben den unscheinbar braunen Enten. Am Rande der Gesellschaft herrscht aber noch erhebliche Unruhe. Gleich mehrere Männchen bemühen sich um ein noch alleinstehendes Weibchen. Jeder versucht, den anderen abzudrängen. Da keiner so recht zum Zuge kommt, arten die stürmischen Annäherungsversuche in ein wildes Gebalge aus. Der begehrten Ente wird das schließlich zu bunt. Sie startet aus dem Getümmel heraus. Einige Erpel folgen ihr. In sausendem Zick-Zackflug geht die Jagd über Wiesen und See dahin. Die zurückgebliebenen Freier beruhigen sich schnell.

Auch bei den anderen Enten, den Stock-, Spieß-, Schnatter-, Krick-, Knäk- und Löffelenten, sind viele eng zusammenhaltende Pärchen zu sehen. Alle Erpel glänzen in ihrer schönsten, farbenprächtigen Hochzeitstracht. Die Löffelerpel mit dem auf die weiße Brust gesenkten, breiten Löffelschnabel, dem grünschillernden Kopf mit goldgelben Augen, den rostroten Flanken, den hellblauen Schultern und dem schwarzen, weißgesäumten Rückengefieder sind sicher die Allerschönsten.

Auch auf dem See, in der röhrichtumstandenen Südbucht und die ganze Schilfkante entlang bis zur Huntemündung liegen im Windschatten von Deich und Ried große Entenscharen. Es sind überwiegend Stockenten. Aber auch einige Tafel- und Reiherenten sind darunter. Immer wieder tauchen sie zu dem wohl nicht mehr sehr ergiebigen, schlammigen Grund hin. Als der Seeboden noch von dichtem Pflanzenwuchs bedeckt war, tummelten sie sich hier in gewaltigen Scharen.

Auch die kleinen, dickköpfig und gedrungen wirkenden Zwergsäger sind nicht mehr so häufig. Einige der von weitem fast weiß erscheinenden Männchen machen ihren rotbraun gehäubten Weibchen mit seltsamen Bewegungen den Hof: Ihr Kopf schnellt, wie auf einer Schiene gleitend, über den Rücken bis zu den Schultern. Weiter draußen auf dem See haben sich die großen Gänsesäger zur Gruppenbalz versammelt. Übermütig tollen sie auf dem kaltgrauen Wasser umher. Die schwarz-weißen, dunkelgrünköpfigen Männer jagen hintereinander her. Immer wieder zeigen ihre schlanken, roten Schnäbel ruckartig gen Himmel. Die grauen Frauen mit dem fuchsroten Kopf und Schopf mischen sich nur ein, wenn ihnen einer der Erpel zu nahe kommt.

Auf den schiefen Reusenpfählen in der Südbucht stehen schwarze Gestalten. Es sind Kormorane, die nach der Fischjagd mit ausgebreiteten Flügeln ihr durchnäßtes Gefieder trocknen. Nachdem sich im überdüngten See die kleinen Weißfische stark vermehrt haben, gehören Kormorane zu den Dauergästen. Auch die Gänsesäger und Haubentaucher profitieren von dem unnatürlichen Fischsegen.

Aber nicht nur die Schwäne, auch viele Enten finden wieder ideale Bedingungen vor. Der Wind trägt das pfeifende ›Wihuu‹ der Pfeifenten vielstimmig herüber. Sicher sind es mehr als hundert dieser kleinschnäbligen Enten, die dicht geschart im flachen Wasser unter dem Deich stehen.

Zieht der Frühling ins Land, fliegen die Entenscharen weiter zu ihren Brutgewässern. Am Dümmer bleiben nur wenige zurück. Deswegen liegt er aber doch keineswegs einsam und verlassen da. Nun beherrschen die Haubentaucher die Wasserfläche. Mit fast dreihundert Brutpaaren haben sie sogar die sonst auf verschmutzten Gewässern sehr zahlreichen Bläßhühner überrundet. Im Röhrichtrand und auf den Binseninseln bauen sie ihre Schwimmnester oft so dicht beieinander, daß man von regelrechten Kolonien sprechen kann. Die rauhen Rufe der ›Dümmerkrähen‹ vereinen sich zu einem weithin hörbaren Chor. Die Paartänze ergeben die Ballettaufführung dazu.

Bunt wirbelnde Federbälle: Kampfläuferbalz

Auch auf den naturnah gestalteten Flächen der Teich- und Vogelwiese spielt sich ein erregendes Schauspiel ab. Das Wasser ist weitgehend abgelassen. Trockenere, schon grün sprießende Rücken wechseln mit feucht glitzernden Blänken. Auf einem dieser Rücken wirbelt es bunt. Vielfarbige Federbäusche hüpfen und schwirren mit hellen Flügeln gegen- und umeinander. Es scheint,

Rechts: An den flachen Ufern des Dümmersees geht die Wasserralle auf Fisch-, Amphibien- und Schneckenjagd.
(Foto: Wothe)

schwenkt über den Deich, gleitet dicht über Koppeln und Gräben dahin, kommt im weiten Bogen wieder heran und landet geschlossen auf dem alten Tanzplatz.
Die bunten Hähne beginnen gleich wieder mit ihrer Werbung. Die kleinen, unscheinbar tarnfarbenen Hennen waten, emsig pickend, durch die flachen Pfützen. Bis zu ihren Brutgebieten im hohen Norden ist es noch weit. Sie müssen später allein für die Brut sorgen und deshalb Kräfte sparen. Seitdem es am Dümmer wieder sumpfige Wiesen gibt, bleiben auch einige der Kampfläufer zum Brüten hier.
Über dem Ochsenmoor führen die Kiebitzmännchen fuchtelnd ihre Flugkapriolen vor. Wahrscheinlich sitzen dort auch schon einige dieser hübschen Vögel auf ihren Bodennestern. Viele Kiebitze jedoch, die dicht geschart gegen den Wind gerichtet in der schon warmen Frühlingssonne als fände dort mitten im Sumpf das Frühlingsfest der Kobolde statt.
Vom See her kommt ein dunkelbraunes Rohrweibchen herangegaukelt. Der Tanz ist schlagartig beendet. Die Kampfläuferhähne schließen die weißen, schwarzen, grauen, brandroten und braunen, die stahlblauen und purpurn schillernden Halskrausen. Sie legen die farblich zu den Krägen kontrastierenden Perücken eng an. Der ganze Schwarm stiebt auf,

Links: Die Rohrdommel erreicht eine Größe von 65 bis 80 Zentimeter. In der Bundesrepublik sehr selten geworden, brütet sie noch im Schilf der Dümmerniederung.
(Foto: Limbrunner)

Unten: Mehr als 1000 Lachmöwenpaare brüten am Dümmer.
(Foto: Weber)

stehen und durch Sumpf und Gras laufen, dann ruckartig verharren, zupicken und schon wieder weiterrollen, sind, wie die Kampfläufer, Gäste, die noch weiter wollen.

Auch die meisten Bekassinen, die sich nur selten aus dem jetzt noch schütteren Bewuchs der Wasserlachen heraustrauen, und Stich für Stich mit langen Schnäbeln den schlammigen Grund durchtasten, bleiben nicht hier. Die Einheimischen sind schon in ihren Brutrevieren. Das Meckern der ›Himmelsziegen‹ klingt aus dem Abendhimmel über dem Ochsenmoor. Die Bekassinenmännchen erzeugen dieses seltsame Geräusch, wenn sie im Sturzflug der Balz die seitlichen Schwanzfedern abspreizen.

Charakteristisch für die Hunteniederung: Uferschnepfen

Auch die Charaktervögel der Hunteniederung, die Uferschnepfen, besetzen ihre Brutplätze. Am Abend waren sie noch gemeinsam auf der Vogelwiese eingefallen. Hier hatten sie friedlich neben- und miteinander die Nacht verbracht. Die etwas kleineren Männchen, flammend rostrot an Kopf, Hals und Brust, und die größeren, zumeist auch fahleren, sehr langschnäbligen Weibchen hatten sich noch kaum umeinander gekümmert. Nun funkelt das in der kalten Nacht überreifte Gras in der Morgensonne. Die Uferschnepfen haben sich über die Wiesen verteilt: Nur wenige, vorwiegend sind es Weibchen, stochern noch im feuchten Grund der Teichwiese umher.

Drüben, gleich jenseits des Weges, leuchtet es hell auf. Eben ist dort ein Uferschnepfenmann gelandet. Er hat die Flügel hoch über den Rücken gehoben, so daß die weißen Unterseiten weithin sichtbar sind. Für kurze Zeit steht er so da, legt dann die Flügel an und scheint, hoch aufgerichtet, auf irgend etwas zu warten. Nichts geschieht. Er stelzt einige Schritte durch das gelbe, vorjährige Gras, breitet die Flügel und steigt mit gedehnten, monotonen, zweisilbigen Rufen steil auf. Taumelnd läßt er sich aus der Höhe niederfallen, fängt den Sturz dicht über dem Boden ab, steigt wieder auf, taumelt herab und steigt noch höher. Die Rufe gehen in einen sich stetig wiederholenden ›Gesang‹ über. Pendelnd wirft er sich dort oben von einer Seite zur anderen und umrundet so die von ihm erwählte Wohnstatt.

Dann saust er im Sturzflug nieder und landet mit zum Signal erhobenen Flügeln. Er wird diese Vorführung so lange fortsetzen, bis es ihm gelungen ist, ein Weibchen auf Dauer für sich einzunehmen. Sie werden hier in der Wiese brüten und später mit ihren Jungen in die nahrungs- und deckungsreichere Teichwiese ziehen. Wenn es erst soweit ist, hat das Gras überall schon eine beträchtliche Höhe erreicht. In den warmen Mainächten ruft dann aus den ungemähten, feuchten Wiesen der Wachtelkönig unermüdlich sein knarrendes ›Rärrp-rärrp‹.

Über dem Röhricht der Südbucht flattert eine dichte, weiße Wolke. Das erregte Krächzen und Kreischen ist unüberhörbar. Da ist doch wieder so ein Paddler in das Naturschutzgebiet eingedrungen. Die aufgescheuchten Lachmöwen kreisen über ihm. Er hat wohl gemerkt, daß er hier unerwünscht ist, und fährt wieder auf den offenen See hinaus.

Die Möwen beruhigen sich wieder. Sie haben dort dicht beieinander auf Schlammbänken, niedergebrochenem Röhricht sowie im Wasserschwaden und in Binsenhorsten ihre kunstlos aus Schilfstücken geschichteten Nester. Sicher sind es um die tausend Paare. Nun sitzen sie wieder ruhig auf ihren Eiern. Der schokoladenbraune Kopf mit dem weißumrandeten Auge und dem dun-

Oben: Die Uferschnepfe ist der Charaktervogel der Dümmerwiesen. Sie lebt auf sehr hohen Beinen und legt ihre Eier in einer mit Gras ausgelegten Bodenmulde.
(Foto: Hofmann)

kelroten Schnabel ist aber bei den meisten noch wachsam erhoben. Hier und da landet eine Möwe bei ihrem brütenden Partner. Die Brutablösung erfolgt jetzt, gegen Ende der Brutzeit, ohne viel Getue. In einigen Tagen, wenn die Jungen erst da sind, wird es hier viel lebhafter werden.

Elegante Flieger auf der Nahrungssuche

Nun sind endlich auch die Trauerseeschwalben aus dem Süden zurückgekehrt. Mit tief ausholendem, langsamem Flügelschlag schweben die eleganten, schwarzen Vögel dicht über dem Wasser dahin. Ihr Kopf ist spähend nach unten gerichtet. Sobald sie etwas Nahrhaftes erblickt haben, gleiten sie herab und fassen im Fluge zu. Mit größter Wendigkeit wird so die Wasseroberfläche abgesucht. Rüttelnd in der Luft zu stehen oder gar kurze Strecken rückwärts zu fliegen macht ihnen keine Mühe.

In den ersten Tagen ihres Eintreffens zeigen sie für die zusammengeschwemmte Binsenstreu und die Teppiche von Seerosenblättern vor der Lachmöwenkolonie noch wenig Interesse. Manchmal überkommt es die friedlich miteinander jagenden Vögel aber geradezu. Ihre leisen Rufe werden deutlich rauher und lauter. Von allen Seiten fliegen sie herbei. Nun sind es schon an die vierzig. Erregt kreischend steigen sie in einer langgezogenen Spirale gemeinsam so hoch auf, daß sie beinahe den Blicken entschwinden. Von dort oben kommen sie zu zweien und dreien lautlos wieder herabgeschossen. Diese Hochflüge tragen sicher zur Einstimmung bei. So sind sie alle gleichzeitig zur Koloniegründung bereit.

Die Paare finden sich auf andere Weise. Gerade hat wieder eine der rußschwarzen Seeschwalben im Vorbeifliegen ein Fischchen gegriffen. Nun fliegt sie mit der Beute im Schnabel suchend zwischen den Artgenossen umher. Deutlich ist ihr lockendes ›Krie-e-rickrick‹ zu hören. Der Fischchenträger erhält auch bald Gesellschaft. Eine der Seeschwalben löst sich aus dem jagenden Verband, folgt ein Stück weit dicht auf, schwenkt ab und landet auf einem Haufen zusammengetriebener Röhrichtstengel. Der Vogel mit dem Fisch ist auch sogleich

Oben: Auf umgeknicktem Röhricht hat die im Brutkleid graue Trauerseeschwalbe ihr Nest. Eines der drei Jungen verspürt offensichtlich Hunger.
(Foto: Dittrich)
Links: Der Teichrohrsänger prüft Schilfhalme, ob sie sich wohl als Träger für sein tiefes Napfnest eignen.
(Foto: Limbrunner)

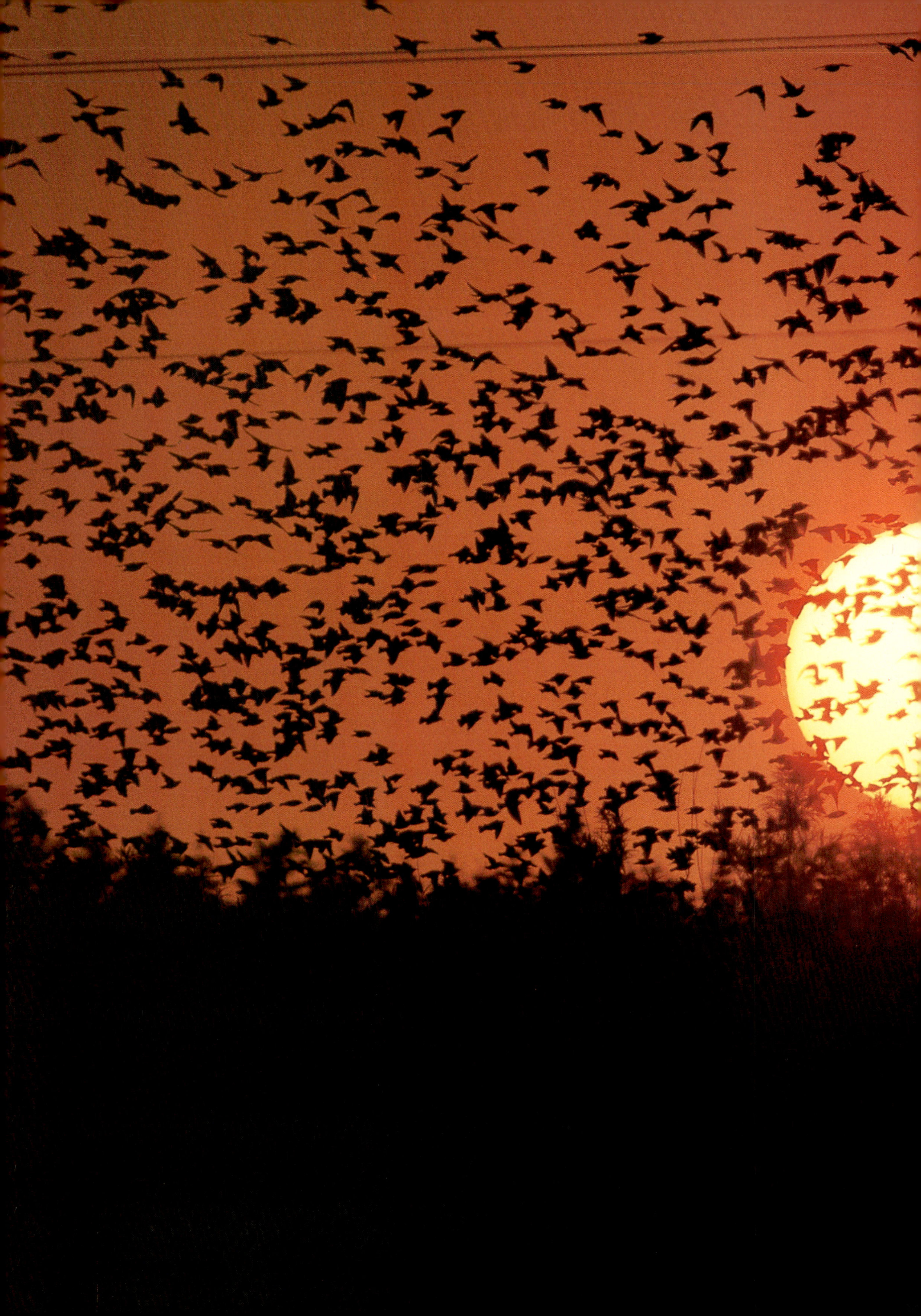

Stare

Wer an Spätsommerabenden an den schilfbewachsenen Ufern des Dümmersees entlanggeht, kann an einen Hitchcock-Film erinnert werden, wenn schwarze Wolken von Staren auf ihn zufliegen, um sich mit viel Gezeter auf den Halmen niederzulassen. Ebenso eindrucksvoll erheben sie sich wieder und folgen ihrem Zugtrieb, der sie in wärmere Gefilde bringt.
(Foto: Möhrke)

zur Stelle. Aufgerichtet, die Flügelbuge abgestellt, sitzen sie sich gegenüber. Er, es ist jetzt sicher, daß es ein Männchen ist, kräht noch einmal seinen Lockruf und überreicht dem bettelnd zirpenden Weibchen sein Verlobungsgeschenk.

Bald haben sich noch andere Paare gefunden. Immer wieder überfliegen sie in wirbelnder Schar die auserwählte Niststätte in der Nähe der Lachmöwen. In den nächsten Tagen landen auch einige auf den durchnäßten Polstern aus Pflanzenresten. Dann sind sie auf einmal alle gemeinsam da. Die Paare suchen sich unter zänkischem Gezeter — mitunter auch wilden Vertreibungsjagden — einen geeigneten Nistplatz. In einem Umkreis von einigen Metern wird zunächst keine andere Seeschwalbe mehr geduldet.

Bis die ersten Eier gelegt werden, vergehen aber noch mehrere Tage. Dann erfolgt die Eiablage aber ganz schnell. Fast gleichzeitig beginnt die über zwanzig Paare umfassende Kolonie mit dem Brutgeschäft. Von Nestern kann man bei ihnen zunächst noch kaum sprechen. Anfangs liegen die zwei oder drei gelbbraunen, dick dunkelbraun gefleckten Eier einfach so auf dem modernden Untergrund. Die darauf sitzenden Vögel ziehen dann um sich herum die Röhrichtteilchen ordnend zusammen, so daß eine Nestmulde entsteht.

Nachdem die Eltern abwechselnd drei Wochen lang gebrütet haben, schlüpfen die Kleinen. Es sind flauschige, lehmfarbene, dunkelgefiederte Kerlchen, die schon bald nach der Geburt krabbeln und schwimmen können. Wenn sie nicht gestört werden, bleiben sie aber die nächsten zwei bis drei Wochen auf ihrem Nest. Zunächst wird ihnen das Futter im Sitzen übergeben, bald gehen die Eltern aber zu einer mehr Zeit sparenden Methode über.

Eben kommt wieder eine Trauerseeschwalbe mit einer dicken Libellenlarve im Schnabel herbei. Noch einige Meter entfernt, fängt sie schon zu locken an. Unter der hudernd über dem Nachwuchs sitzenden Mutter arbeitet sich eilig ein Kleines hervor. Weit sperrt es das Schnäbelchen auf. Der Vater steht schwirrend über ihm. Er zieht ihm schnell auffordernd die Beute durch den Schnabel. Das Junge faßt zu, und der Alte schwenkt ab. Die ganze Prozedur hat nur wenige Sekunden gedauert.

Rechts: Mit einem so flatterhaften Beutetier im Schnabel muß das Braunkehlchen ein wenig pausieren.
(Foto: Stelzer)

So wachsen die kleinen Trauerseeschwalben schnell heran. Wenn sie einen Monat alt sind, können sie fliegen. Schon im Hochsommer verlassen sie mit den Eltern den Dümmer und machen sich auf die weite Reise nach Westafrika. Mit um fünfzig Trauerseeschwalbenpaaren beherbergt der Dümmer den zur Zeit größten Brutbestand der Bundesrepublik. Vor wenigen Jahrzehnten waren es aber noch dreimal so viele.

Aus dem dichten Pflanzengewirr des Röhrichtgürtels klingt es seltsam und schauerlich. Es quiekt, kreischt und gurgelt, als würde ein Ferkel abgestochen oder gar ein Mensch im Sumpf versacken. Das sind nur die auffälligen Rufe der sonst heimlich und versteckt im dichten Schilf lebenden Wasserralle. Auch die Rufreihen des kleineren Tüpfelsumpfhuhnes ertönen in der Morgen- und Abenddämmerung aus dem Sumpfland. Es waren gerade die Vögel des Schilfwaldes und der nassen Seggenwiesen, die einst die Stimmen und die Stimmung am See prägten. Wohl sind die Rallen, Rohrdommeln, Rohrsänger und Schwirle noch da, aber in dem verschlammenden, lichter werdenden Schilf, das vom Wasser-

Fototips
Vögel auf dem Wasser

Im Herbst und Winter finden sich auf unseren Flüssen und Seen große Schwärme von Zugvögeln ein. Viele sind nicht sehr scheu, weil sie aus dem hohen Norden kommen und daher kaum Menschen kennen. Um die Größe eines Schwarmes auf dem Wasser gut sehen zu können, ist es günstig, einen erhöhten Standort zu wählen und von dort aus zu fotografieren. Wichtig ist die Verwendung eines UV-Filters, weil Wasser die Strahlung besonders stark reflektiert.

Wasservögel befinden sich oft auf dem Wasser. Um das Schwimmen bildhaft darzustellen, empfehlen sich ein sehr niedrig liegender Standpunkt und ein Teleobjektiv mit langer Brennweite. Dadurch erhebt sich der schwimmende Vogel scheinbar aus dem Wasser. Schräg von oben fotografiert, scheint er an der Oberfläche zu kleben. Durch die ständige Bewegung muß immer mit sehr kurzen Belichtungszeiten gearbeitet werden, $1/250$ sec oder weniger.

schwaden mehr und mehr verdrängt wird, scheinen sie sich nicht mehr so recht wohl zu fühlen. So ist der laut knarrende Gesang des Drosselrohrsängers gänzlich verstummt.

Zieht der Herbst ins Land, wird es am Dümmer ruhig. Die Sänger im Röhricht und Bruchwald singen schon lange nicht mehr. Auch die Enten und Sumpfvögel, die sich wieder zu sammeln beginnen, sind jetzt recht schweigsam. Nur gegen Abend wird es ausgesprochen lebhaft. Über das Weideland rauschen dunkle Wolken heran. Sie teilen sich, schließen sich wieder zusammen, senken sich herab und steigen wieder auf.

Nun braust die erste Kolonne über den Deich hinweg. Über dem See beschreibt sie einen weiten Bogen und fällt dann geradezu in das Schilfdickicht hinein. Gleich darauf erhebt sich ein gewaltiges Stimmengewirr. Schon braust der nächste Starenschwarm heran. Die letzten kommen kurz bevor die Sonne hinter den Dammer Bergen versinkt. Sicher sind es zusammen an die Hunderttausend. Mit zunehmender Dunkelheit wird es im Schilf ruhiger. Nur wenn ein Halm unter der Last der Schläfer bricht, gibt es dort ein erregtes Geflatter.

Aber nicht nur die Stare schätzen das Röhricht am Dümmer als Übernachtungsmöglichkeit. Oft fallen abends durchziehende Rauchschwalbenscharen ein, die am folgenden Tag jagend über dem See hin und her schießen.

So hat der Dümmer das ganze Jahr hindurch seine Bewohner und Gäste. Er ist immer noch, wenn auch nicht mehr so wie in den alten, uneingedeichten Zeiten, für durchziehende Sumpf- und Wasservögel ein äußerst wichtiger und durch die bewachten Naturschutzgebiete auch störungsarmer Rastplatz. Durch den tatkräftigen Einsatz der Naturschützer hat er sogar wieder für die befiederten Bewohner und Gäste stark an Attraktivität gewonnen. Es ist zu hoffen, daß es weiter gelingt, die Sünden der Vergangenheit und ihre Folgen zu mildern.

Ganz oben: Nur die Männchen der Bartmeisen tragen einen so extravaganten Bart. Sie brüten am Dümmer.
(Foto: Jacobi)
Oben: Die Rauchschwalbe ist Schlafgast im Schilf des Dümmersees.
(Foto: Vetter)

23

Zwergmaus
(Foto: Limbrunner)

Vielgestaltige Lebensräume im und am Wasser
VON GROSSEN UND KLEINEN MÄUSEN

Unerwartet viele kleine Säuger durchfurchen die Ufer des Sees und das Erdreich der Niederung. Im Röhricht haben Bisamratten mehr als eintausend Burgen angelegt, und die Spitzmaus taucht im seichten Wasser nach Insektenlarven. Feldmäuse legen ihr reich verzweigtes Gangsystem unter- und oberirdisch an. Mauswiesel und Mäusebussard stellen ihr nach. Die winzige Zwergmaus bewegt sich wie auf einem Hochseil über geknickte Halme.

Jede Landschaft beherbergt ihre Säugetierartengemeinschaft. So lebten vor 4000 Jahren in den ausgedehnten Erlenbruchwäldern der Dümmerniederung Auerochsen und Elche, Braunbären und Biber. Die Knochenfunde aus den Grabungsstätten geben davon Zeugnis. Längst sind die Bruch- und Moorböden trockengelegt worden, und eine baumarme Kultursteppe mit ihren Wiesen und Weiden und mancherorts mit Getreidefeldern überzieht das flache, weite Land.

Aber noch gibt es Lebensraumvielfalt am See. Schilfröhrichte und Seggenriede, Moorwiesen und Erlenbrüche schaffen für einige Säugetierarten geeignete Wohnstätten. Die im Röhricht lebenden müssen den amphibischen Verhältnissen im Schwingrasen und dem hohen Raumwiderstand im Halmwald gewachsen sein.

Diese Fähigkeiten besitzt am besten der Bisam, auch Bisamratte genannt. Mit fast zwei Kilogramm ist sie die größte Wühlmaus unserer einheimischen Fauna. Sie stammt aus Nordamerika, wurde 1905 in der Nähe von Prag eingebürgert, eroberte von 1916 bis 1980 das heutige Gebiet der Bundesrepublik und erreichte 1965 den Dümmer. Seitdem gehört sie hierher, und intensivste Bekämpfungsaktionen konnten sie nicht zum Verschwinden bringen. Vielleicht vergrämt sie in Zukunft der Schlick, der sich immer mehr im Röhricht fängt und zunehmend die Schwimmstraßen, die sich der Bisam halmfrei hält, verstopft.

An zahlreichen Stellen findet man im Rohrwald die Bisamburgen. Von ihnen gab es bereits Anfang der siebziger Jahre weit über 1000. Auf günstigen Schwingrasenflächen werden ein bis zwei Meter hohe Hügel aus abgebissenen Rohrhalmen, Wasserschwaden-, Kalmus-, Iris- und Rohrglanzgrasblättern zusammengetragen. Wanddichte und Gärungswärme ermöglichen es dem Bisam, in dieser Burg den Winter zu verbringen. Da rund um die Burg das gesamte Schilf für die Bauanlage, aber auch für die Ernährung ›geschnitten‹ wird, entsteht eine offene Wasserzone, die wie ein Wassergraben die Bisamburg schützend umgibt.

Findet sich nur ein schmaler Röhrichtstreifen, dann legt der Bisam keine Burg an, sondern gräbt in die Wand des Ufers einen Erdbau. Nicht selten kann man unter der Wasseroberfläche dicht am Hang die herausgescharrte Erde sehen.

Morgens nach Sonnenaufgang oder abends vor Sonnenuntergang ist er bevorzugt unterwegs, und man kann gut beobachten, wie der seitlich abgeflachte Schwanz kräftig schlängelnd das Tier vorantreibt. Schwer zu erkennen ist, daß es auch mit den Füßen rudert. Dieser Heckantrieb ist derart wirkungsvoll, daß der Bisam große Schilfhalme, die er geschnitten hat und im Mund gebündelt hält, auch gegen eine kräftige Strömung durch das Wasser zum Bau transportieren kann.

Beide Eltern tragen verschiedene Gräser und Kräuter für die Jungtiere ein. Untrügliches Zeichen für die Nähe einer Bisamansiedlung sind am Ufer oder auf dem Wasser zurückgelassene Blätter der Schwertlilie und des Rohrkolbens sowie des Bärenklaus oder des Rohrglanzgrases.

Sie bevorzugt Schwingrasen zum Bau ihrer Gänge: die Erdmaus

Es gibt noch eine zweite Wühlmaus im Röhricht, die nur ein Vierzigstel der Bisamgröße besitzt und daher selten bemerkt wird. Es ist die Erdmaus, deren Name leider irreführend ist. Sie findet sich überall dort im Röhricht, wo die obersten 20 Zentimeter des Schwingrasens wasserfrei sind.

Waren die Herbst- und Frühjahrswasserstände des Dümmers nicht zu hoch und ließen sie eine genügend große Röhrichtfläche frei, dann besiedelt eine individuenreiche Erdmausbevölkerung den Schwingrasen. Die Folge ist ein umfangreiches, in den Schwingrasen genagtes Gangsystem, das intensiv genutzt wird.

Hier ist es das ganze Jahr fast gleichmäßig warm und feucht. Das ist günstig sowohl für die Wühlmaus als auch für die Pflanzen, aus deren Wurzelstöcken fast das ganze Jahr hindurch Sprosse hervorkommen. Während der Wintermonate stehen unten im Schwingrasen spargelgleich die oft schon zehn Zentimeter langen, auf den Frühling wartenden Triebe. Sie sind ideale Nahrung für Erdmäuse.

Aber nicht nur pflanzenverzeh-

Rechts: An der Einmündung der Hunte in den Dümmer umgibt ein Wasserschwaden-Gürtel die Teichrosen-Schwimmzone.
(Foto: Schmelzenbach)

rende Säugetiere leben im Röhricht. Das Gangsystem und die Bisamburgen werden von der Wasserspitzmaus häufig aufgesucht. Sie taucht im seichten Wasser nach Insektenlarven und Schnecken, überwältigt junge Frösche, die vom Spätsommer ab zu Tausenden den Röhrichtsaum aufsuchen, oder sie stürzt sich in die kleinen Röhrichtkolke. Mit einer Geschwindigkeit von 30 Zentimeter in der Sekunde jagt sie durch das Wasser, um Jungfische zu erbeuten. Auf ihren Erkundungszügen stößt sie hin und wieder auf Erdmäuse, deren Nester schlecht versteckt sind.

Die Wasserspitzmaus gehört schon zu den selteneren Säugetierarten des Dümmers. Kaum noch anzutreffen ist der Fischotter. Bis Anfang der sechziger Jahre war er noch regelmäßig am See. Sollte hin und wieder ein wandernder Otter vorübergehend ins Röhricht kommen, so werden Tourismus und Segelsport, Fischereiwirtschaft und Angelsport sowie der Schlick dafür sorgen, daß er den See schnell wieder verläßt und weiter durch die Norddeutsche Tiefebene zieht. Offenbar folgt er darin den anderen wenigen Fischottern, die an den vom Menschen stark beeinträchtigten Gewässern Nordwestdeutschlands zu überleben versuchen. Säugetiergemeinschaften verändern sich auf engstem Raum. Dort, wo sich zur Landseite an das

Links: Fischotter sind wohl die verspieltesten unter den Mardern.
(Foto: Limbrunner)

Unten: Eine Wasserspitzmaus schaut aus ihrem Nest.
(Foto: Bogon)
Ganz unten: Zwei Feldmäuse begegnen sich vor dem Baueingang.
(Foto: Limbrunner)

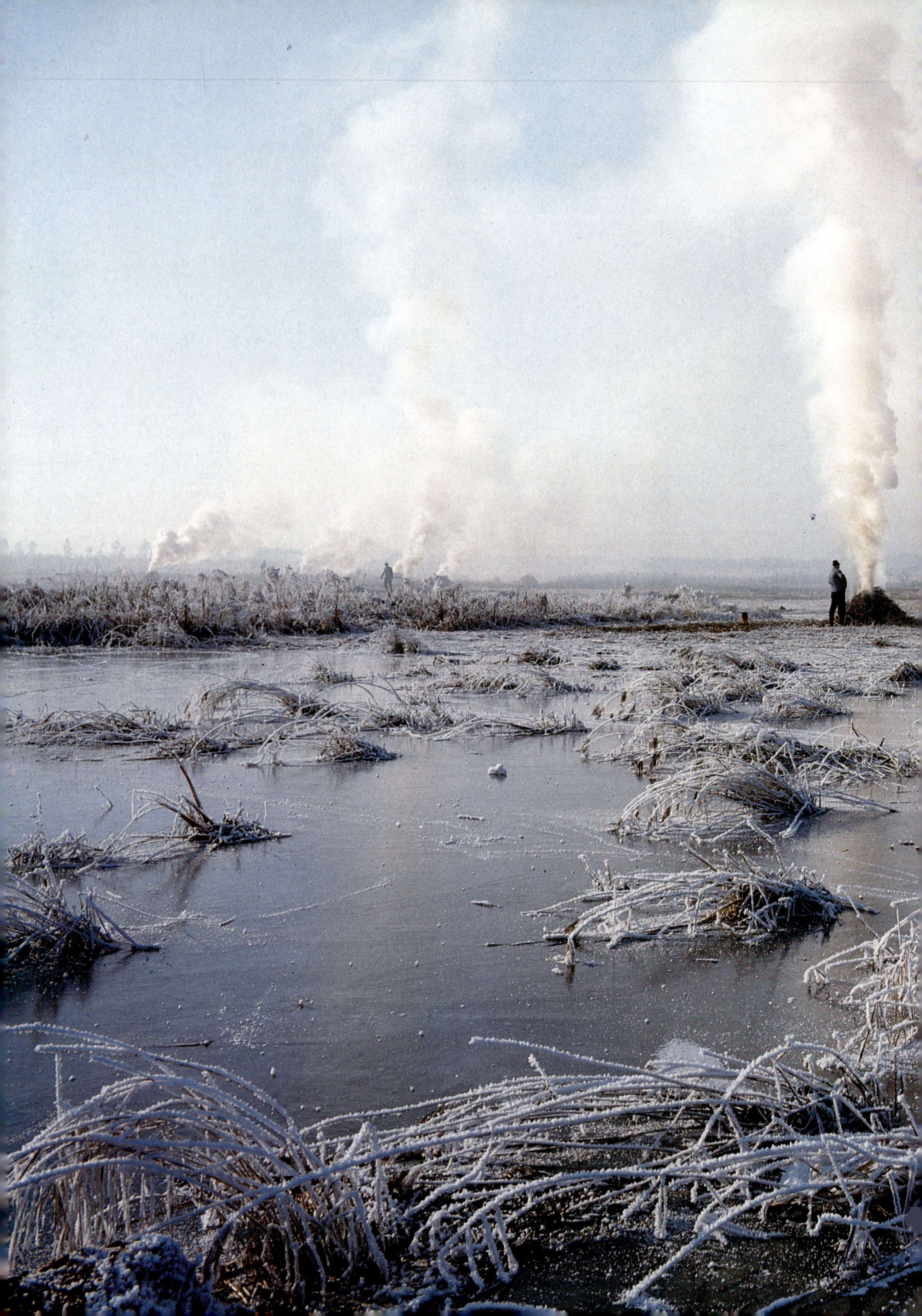

Biotopmanagement zur Winterzeit

Nur an wenigen Stellen des Dümmersees dringen die geschlossenen Schilfbestände noch bis zur offenen Wasserfläche vor. Um das Schilfwachstum anzuregen, wird es gemäht und im Winter verbrannt. Durch das Abschneiden der Halme wird der Wurzelstock zum verstärkten Austreiben neuer Halme veranlaßt: Das Schilfröhricht wird dichter.
(Foto: Möhrke)

Röhricht der Schwarzerlenbruch anschließt, endet das Wohngebiet von Bisam, Erdmaus und Wasserspitzmaus.

Die häufigsten Säugetiere sind hier Waldmaus und Rötelmaus. Beide ernähren sich vornehmlich von Sämereien sowie Früchten und wirbellosen Tieren. Das trifft eigenartigerweise auch für die Rötelmaus zu, die zu den Wühlmäusen gehört. Diese bevorzugen an sich Grasnahrung, die der Rötelmaus nur zur Ergänzung ihres Speisezettels dient.

Im Bruch ist für beide Nagetierarten das Nahrungsangebot reichlich. Die Nüßchen der Schwarzerle und die Kätzchen der Birken liefern Samen. Wind und Vögel werfen genügend Beeren von Holunder, Schneeball und Weißdorn auf den Boden. Die herabhängenden Äste der Brombeeren können leicht abgelesen werden. Eine Übermenge an Sämereien liefern dichte Brennesselbestände, die aber nicht nur Sämereien bringen, sondern jährlich absterbende Pflanzenmasse, die guten Humus liefert. Daher sind im Erlenbruchboden die wirbellosen Tiere, sowohl Ringelwürmer als auch Bodenlarven zahlreicher Insekten sowie Nackt- und Gehäuseschnecken, reichlich vertreten. Zusammen mit den Sämereien ergeben sie den richtigen Speiseplan für Waldmaus und Rötelmaus.

Am Rande des Erlenbruches, aber auch an den Abzugsgräben und dem Ringkanal sowie den zahlreichen Vorflutern lebt das kleinste einheimische Nagetier, die Zwergmaus. Sie ist nur dort zu finden, wo bis in den Herbst hinein große Bestände des Rohrglanzgrases wachsen. Aus seinen Blattspreiten baut sie in ungefähr ein halb bis ein Meter Höhe ein faustgroßes Nest.

Bestens getarnt im Stengelwald: die Nester der Zwergmaus

Dabei geht sie auf eigenartige Weise vor: Nachdem sie über die Halme hinweggelaufen ist und deren Stabilität erprobt hat, sucht sie sich eine geeignete Stelle und beginnt die Blätter um sich herum zu zerfasern, ohne sie dabei vom Halm abzubeißen. Dies hat zur Folge, daß sich die Blattfasern korkenzieherartig aufwirbeln und sich miteinander zu einem Nest verhaken, das noch längere Zeit grün und somit fast unsichtbar bleibt. Nur in solchen Nestern werden die Jungtiere zur Welt gebracht. Nahezu 20 Tage pflegt die Mutter ihre Kinder. Dann überläßt sie die Jungen sich selbst. Das Muttertier baut ein neues Nest für den nächsten Wurf, der sich bald ankündigt.

Dort, wo das Rohrglanzgras zu früh gemäht wird, etwa im Zuge der Pflegemaßnahmen an den Fließgewässern, fehlt die Zwergmaus. Ein Beispiel, wie falsches Biotopmanagement zum Verschwinden einer Säugetierart führen kann.

Seit man den Grundwasserspiegel um den Dümmer herum weiträumig gesenkt hat und der Deich die Frühjahrsüberschwemmungen verhindert, beherrschen Süßgraswiesen und Viehweiden das Bild der Niederung. Ein derartiges Kulturgrasland besitzt den Charakter einer Steppe. Dementsprechend stellen sich Arten ein, denen dieser Lebensraum optimale Lebensmöglichkeiten bietet.

Zu diesen steppenliebenden Tieren gehört auch die Feldmaus, die als vierte Wühlmaus im Dümmergebiet vorkommt. Sie siedelt sich überall dort an, wo das Gras kurzgehalten wird und die Sonne bis

Rechts: Im Erlenbruchwald am Dümmer wächst am Boden die Wald-Johannisbeere.
(Foto: Schmelzenbach)

zum Boden hin vordringt und die oberen Zentimeter erwärmt.
Auf den trockenliegenden Hoch- und Niedermoortorfen des Ochsenbruchs südlich des Sees entstanden Weidelgras-/Weiß-Kleeweiden, eine der häufigsten Typen der Wirtschaftsweiden des norddeutschen Tieflandes. Wie der Name sagt, ist die Hauptgrasart das Weidelgras. Hinzu tritt der allbekannte Weiß-Klee. Es sind aber außer ihm noch viele Kräuter vertreten, wie Löwenzahn, Gänseblümchen, Spitzwegerich, Wiesen-Klee und Kriechender Hahnenfuß sowie die Schafgarbe und andere.

Das Vorkommen einer hinreichend großen Anzahl von Kräutern neben den Gräsern ist für eine Ansiedlung der Feldmaus von großer Bedeutung. In den Wurzelfilz dieser Weidepflanzen gräbt und beißt die Feldmaus unterirdische Gänge. Oberirdisch nagt sie Laufstraßen, die durch zahlreiche Ein- und Ausgänge mit dem unterirdischen Gangsystem verbunden sind, so daß die Feldmäuse teils oberhalb, teils unterhalb der Erde ihren Lebensraum durcheilen.

Der Klee ist wegen seines hohen Eiweißgehalts eine hochwertige Nahrung für das Vieh, aber auch für die Feldmaus. Da Kräuter außerdem weniger Zellulose und weniger Kieselsäure als Gräser enthalten, sind sie leichter verdaulich. Zunächst weiden die Feldmäuse in der Nähe der Ein-

Links: Große Ohren und Augen weisen die Waldmaus als ein Nachttier aus.
(Foto: Limbrunner)

**Oben: Junge Rötelmäuse können gut klettern.
Links: Die Zwergmaus findet in ihrem geflochtenen Nest guten Schutz.**
(Fotos: Diedrich)

gänge zum unterirdischen Gangsystem; denn die kurzen Pflanzen bieten ihnen wenig Schutz vor ihren Feinden.

Diese sind in der Dümmerniederung allgegenwärtig: Am Tage machen Mäusebussard und Turmfalke, Rabenkrähe und Graureiher auf sie Jagd, in der Nacht sind es Waldohreule, Schleiereule und Steinkauz.

Zu den Flugfeinden kommen die am Boden lebenden Räuber hinzu. Der ärgste Bodenfeind für die Feldmäuse ist das Mauswiesel. Es ist das kleinste einheimische Raubtier. Die größten Mauswieselweibchen haben nur eine Körperlänge von 20 Zentimeter. Die größten Männchen messen 26 Zentimeter. Da ihr Körper lang und dünn ist, können die Mauswiesel in die Baue der Feldmäuse eindringen und sie in ihren Gängen verfolgen.

Werden die Feldmäuse zahlreich, dann ist für die Mauswiesel mehr Nahrung vorhanden, und ihre Weibchen bringen pro Wurf mehr Jungtiere zur Welt. So verstanden, ist das Mauswiesel in der biologischen Nagetierbekämpfung tätig und sorgt mit den anderen Beutegreifen dafür, daß die Feldmäuse dezimiert werden.

Aber alle Feinde zusammen können nicht verhindern, daß die Feldmäuse in manchen Jahren gewaltig an Zahl zunehmen. Das ist in der Dümmerniederung ungefähr alle vier Jahre der Fall. Denn Feldmäuse sind sehr fruchtbar. Ein Weibchen kann bis zu vier Würfe im Jahr und pro Wurf vier bis sechs Jungtiere zur Welt bringen. Weibchen, die im zeitigen Frühjahr geboren worden sind, werden noch im selben Jahr geschlechtsreif und können für eine kräftige Zunahme der Feldmausbevölkerung sorgen.

Diese aus den Frühjahrswürfen stammenden Weibchen erleben den kommenden Winter nicht. Sie gehören zu der Sommergeneration in der Feldmausbevölkerung. Auch vielen im Frühjahr geborenen Männchen ergeht es ähnlich. Denn geschlechtsreife Feldmausmännchen sind sehr unverträglich gegeneinander. Kämpfe sind häufig, die viele das Leben kostet.

Die im Sommer und im Herbst geborenen Feldmäuse bleiben relativ klein und überwintern. Hatte die Sommergeneration vornehmlich Fortpflanzungsaufgaben, so hat die Wintergeneration sich darum zu kümmern, daß die ortsansässige Bevölkerung den Winter übersteht, damit sie im folgenden Frühjahr für die Vermehrung sorgen kann. Die überwinternden Tiere erleben vielleicht noch den Mai. Dann sterben auch sie. Nur wenige werden älter. Die Lebenserwartung der Feldmaus beträgt also weniger als ein Jahr. Die kurze Lebensspanne gleicht die Feldmaus mit früher Geschlechtsreife, rascher Wurffolge und großen Würfen aus.

In optimalen Jahren steigt die Bevölkerung sprunghaft — das heißt exponentiell — an. Streßerscheinungen sind die Folge. Denn nun werden die ober- und unterirdischen Wege von vielen Tieren genutzt, die sich entsprechend oft

Rechts: Ein Feldmaus-Weibchen hat bei der Anlage einer Nestkammer den Boden in typischer Weise nach draußen befördert.
(Foto: Schröpfer)

Fototip
Mäuse

Mäuse sind meistens sehr scheu. Gut lassen sie sich an den Ausgängen ihrer Bauten fotografieren. Manche Tiere können auch mit Futter angelockt werden. Viele sind leider nachtaktiv und müssen mit einem Blitzgerät aufgenommen werden. Weil man sehr nah heran muß, eignet sich ein Objektiv von etwa 200 mm Brennweite am besten. Werden Kamera und Blitzgerät auf ein Stativ gestellt, kann der Schärfenbereich vor der Aufnahme festgelegt werden. Da Mäuse vor Kameras keine Angst haben, wohl aber vor Menschen, ist eine Fernauslösung optimal.

Wußten Sie...
Räuber-Beute-System

Mauswiesel jagen intensiv Feldmäuse. Wenn es viele Feldmäuse gibt, werden auch die Verfolger zahlreicher. Nimmt die Feldmausdichte ab, verhungern viele junge Mauswiesel. Auch die Würfe bleiben klein, die Zahl ihrer Individuen geht stark zurück. Zum Teil stellen die Mauswiesel jetzt Vögeln nach; denn die lange Suche auf der Feldmausjagd erfordert mehr Energie, als sie einbringt. Für den Räuber wird die Jagd nur dann ökonomisch, wenn die Beutetierart in einer bestimmten Bevölkerungsdichte vorkommt. Gibt es wenig Feldmäuse, sind sie vor dem Räuber relativ sicher.

Kurzum: Ein Räuber versucht nicht, das letzte Individuum zu erlegen. Die Jagdstrategie des Räubers ist überdies nie sehr viel raffinierter als die Fluchtstrategie der Beute. Und schließlich: Die Beutetierpopulation reguliert die Räuberpopulation und nicht umgekehrt.

beegegnen. Das führt zu häufigen Streitereien und kostet daher sehr viel Energie. Die Nahrung in der Nähe des Baues wird wegen der vielen Mitbewohner knapp, so müssen weite Wege zurückgelegt werden.

Vergrößerung der Nebennieren, das Fehlen mobilisierbarer Reservestoffe, der Zusammenbruch des Immunsystems und schließlich ein zu niedriger Blutzuckerspiegel sind die Folgen des starken Stresses, der durch das enge Zusammenleben hervorgerufen wird. Sie leiden zunehmend unter diesem Streß-Syndrom, das zu einer stark geminderten Widerstandskraft gegenüber niedrigen Temperaturen und daher Feuchtigkeit führt. Beides tritt aber mit den ersten naßkalten Herbstnächten ein. Dann wird der größte Teil der Feldmausbevölkerung dahingerafft.

Im Dümmergebiet ist das im Oktober und November der Fall, wenn viele Baue unter Wasser stehen. Nur wenige, besonders kräftige Jungtiere können an hochgelegenen Böschungsrändern oder gut dränagierten Weiderainen überleben. Es dauert dann ungefähr wieder vier Jahre, bis ein neuer Bevölkerungshöhepunkt erreicht ist.

Auch der Bestand des Feldhasen, der wie die Feldmaus die Kräuter der Wiesen bevorzugt, unterliegt derartigen Populationsschwankungen. Sehr nachteilig ist für die Junghasen ein kaltes und feuchtes Frühjahr. Ein regnerischer Spätsommer kann schlimme Hasenkrankheiten, wie beispielsweise die Kokzidiose, begünstigen. In den letzten Jahren verlor der Feldhase im Dümmergebiet durch den sich ausweitenden Maisanbau großflächig an Lebensraum.

Aber noch gehört der Feldhase zur Säugetierfauna der Dümmerniederung, genauso wie der Fuchs, der die Feldmäuse jagt, sowie das Hermelin, das den Kiebitz beschleicht, und die Waldspitzmaus, die an feuchten Stellen nach Nacktschnecken sucht.

Die Hausspitzmaus, die gerne den Mauerasseln in warmen Steinhaufen nachstellt, und der Igel, der in der Wallhecke nach Insektenlarven sticht, finden dort ebenfalls Lebensraum. Noch flattern Abendsegler und Teichfledermaus während ihres Beutefluges am Deich dicht am Kopf des Wanderers vorbei.

Links: Am schnellsten erreicht die Feldmaus ihren Bau über die Laufstraße.
(Foto: Limbrunner)

Unten: Das Mauswiesel ist der ärgste Feind der Feldmäuse.
(Foto: Wothe)

Oppenweher Moor
(Foto: Schmelzenbach)

Wiederherstellung von Lebensräumen
MOORE AUS ZWEITER HAND?

Voraussetzung für Moorbildungen sind hohe und wenig schwankende Wasserstände. So hoffte man, daß trockengelegte Moore durch Vernässung wieder zum Wachstum gebracht werden könnten. Der Grundwasserspiegel wurde angehoben, Birken, die sich einstellten, herausgeschlagen, und Schafe hielten den sprießenden Benthalm kurz. Doch das Moor wuchs nicht — das Wasser war zu nährstoffreich. Der Mensch mußte erfahren, daß man eine in Jahrtausenden gewachsene Lebensgemeinschaft zwar rasch zerstören, aber höchstens teilweise wiederbeleben kann.

Im niedersächsischen Tiefland existiert gegenwärtig kein einziges vollständig erhaltenes, wachsendes Moor mehr. Auch die Diepholzer Moorniederung macht da keine Ausnahme, und die Existenz von mehr oder minder ausgedehnten Moorresten in Naturschutzgebieten sollte keineswegs darüber hinwegtäuschen, daß auch alle der unmittelbaren wirtschaftlichen Nutzung entzogenen Areale ihren ursprünglichen Charakter vollständig eingebüßt haben. Lange Zeit hat dieser Lebensraumverlust sich für die breite Öffentlichkeit unbemerkt vollzogen, allenfalls beklagt von wenigen als versponnen abgestempelten Natur-Enthusiasten.

Gerade in Niedersachsen — dem ehedem moorreichsten Bundesland — galt ja Jahrhunderte hindurch die Moorkolonisation als landeskulturelle und siedlungspolitische Leistung. In härtester Arbeit haben unsere Vorfahren weite Moorflächen entwässert, durch Brennen für den Buchweizenanbau urbar gemacht und alle landwirtschaftlich nutzbaren Flächen den Mooren förmlich abgerungen. Das von Generationen vollzogene Entwässern und Abtorfen der großen Moore waren zudem in weiten Teilen des Flachlands erst die erforderlichen Voraussetzungen für die verkehrsmäßige Erschließung.

In unserem Jahrhundert freilich haben in ganz Mitteleuropa die Moore ihre Bedeutung als lebensnotwendiger Lieferant von Brennmaterial und Stallstreu — sowie schließlich kultiviert —, als Weide- oder Ackerland besonders der ärmeren Landbevölkerung verloren und zugleich auch den Ruf als unwirtliche, ja gelegentlich gefährliche Landschaft. Es ist ein Wandel der Ansprüche und vor allem der Nutznießer eingetreten. Großunternehmer haben in der Regel die Stelle der um ein Existenzminimum kämpfenden Moorbauern eingenommen. Wirkungsvollere Entwässerungsmaßnahmen und der Einsatz großer Maschinen haben die Moorflächen stärker und vor allem rascher schrumpfen lassen als zuvor. Die gleichfalls in unserem Jahrhundert entwickelten Naturschutzgesetze konnten den Ausverkauf der letzten natürlichen Moorreste leider nicht verhindern.

Mochte der Verlust der letzten naturnahen und landschaftsbestimmenden Moore noch vor etwa zehn Jahren kaum jemanden schrecken, so hat sich heute durch wachsendes Umweltbewußtsein und die Rückbesinnung auf die Identität der heimatlichen Landschaft ein merklicher Wandel in den herrschenden Auffassungen vollzogen. Viele Zeitgenossen fragen sich, ob es nicht eine Möglichkeit gibt, wenigstens kleinere Moorflächen erneut in jenen Zustand zu überführen, der dem ursprünglichen Bild dieser Lebensräume nahekommt.

Mit Euphorie und zum Teil großzügiger finanzieller Unterstützung haben Naturschützer sich in einer Reihe von Mooren ans Werk gemacht. Ein Vokabular neuer Begriffe zeugt von den Hoffnungen: Renaturierung, Regeneration, Wiedervernässung, Schaffung neuer Feuchtbiotope, Entwicklung ›ökologisch wünschenswerter‹ Lebensräume, ›Natur aus zweiter Hand‹ sind einige der einprägsamsten Begriffe, die inzwischen bereits vielfach die

Stichwort
Industrieller Torfabbau

Die Auswirkungen des industriellen Torfabbaues für die Moore sind ungleich gravierender als der bäuerliche Torfstich. Denn ein rationeller Maschineneinsatz erfordert die Anlage eines großflächigen Entwässerungssystems durch ein enges Grabennetz.
Der Frästorfabbau findet auf großen Flächen statt. Selbst dort, wo die Abbaubereiche begrenzter sind, werden mit Hilfe von Maschinen Ziegel gestochen und neben den Aushubgräben wie in alten Zeiten zum Trocknen gestapelt. Das ist gut zu beobachten im Venner Moor bei Damme. Nach dem Abbau werden die meist mit gewissen Torfresten verbleibenden Böden anderen Nutzungen zugeführt: Rinderweide, Getreide- oder Gemüseanbau können erfolgen, und die meist kleinflächigen verbliebenen Reste des ›Moorödlandes‹ werden dem Naturschutz überlassen.

Rechts: Fruchtende Bulte des Scheiden-Wollgrases durchziehen das Stemmer Moor. Die Algenblüte auf den ehemaligen Stichflächen zeugt von Nährstoffeintrag, der mittelfristig zu einer moorunspezifischen Entwicklung führt.
(Foto: Cramm)

Spalten der regionalen Zeitungen füllen und oft zu einer übertriebenen Erwartungshaltung führen.

Um Möglichkeiten und Grenzen einer Moorregeneration realistisch einschätzen zu können, bedarf es der Kenntnis der Funktionsweise in Entwicklung begriffener Moore und ihrer Lebensgemeinschaften.

Die maßgebliche Voraussetzung für jede Torf- und Moorbildung sind vergleichsweise hohe und nur wenig schwankende Wasserstände im Boden, wie sie für die Mehrzahl aller übrigen Lebensräume geradezu lebensfeindliche oder doch die Existenz der meisten Arten stark erschwerende Rahmenbedingungen bilden.

Das Wasser steht in Mooren — im Gegensatz etwa zu den auf zumindest zeitweilig überfluteten See- und Flußufern entwickelten Röhrichtbeständen — so gut wie nie über Flurniveau. Immerhin verhindern die Wasserstände in etwa zwanzig bis vierzig Zentimeter Tiefe jedoch, daß die absterbenden Moorpflanzen wieder vollständig abgebaut werden können. Daher reichern sich unter weitgehendem Luftabschluß die vielfach nur schwach zersetzten Pflanzenreste im Laufe der Zeit zwar langsam, aber kontinuierlich an und bauen somit die Torflager der Moore auf. Folgerichtig muß sich unter jedem Moor ein mehr oder weniger stauender mineralischer Untergrund befinden.

In einem abflußlosen Becken oder auch in leichter Hanglage erfolgt die Wasserversorgung eines solchen Torfkörpers durch Oberflächenwasser von den Flanken her. Je nach dessen Einzugsbereich ist es unterschiedlich stark mit Nährstoffen angereichert. Nährstoffreichtum und Fließge-

Links: Diese stark gedüngte monotone Mähweide im Gebiet des Venner Moors war ehedem ein Hochmoor.
(Foto: Schmelzenbach)

Unten: Im Venner Moor wird Torf maschinell abgestochen und aufgeschichtet.
(Foto: Schmelzenbach)

schwindigkeit des Wassers bestimmen so die Artenzusammensetzung der Lebensgemeinschaften in den Mooren. Und diese bestimmt die Beschaffenheit der von ihnen gebildeten Torfe.

Ist das Wasser reich an Phosphaten und Nitraten, so entwickeln sich produktionskräftige Röhrichte, deren unvollständig zersetzte Reste Faulschlämme und Mudden bilden, und zwar um so rascher, je höher die Wasserstände ihrer Lebensräume sind und je mehr Nährstoffe ihnen zugeführt werden.

Größe und Mächtigkeit der Moore bestimmen die Nährstoffarmut

In größeren Mooren oder etwas trockeneren Röhrichten liegen die Dinge etwas anders. Durchströmt nämlich Oberflächenwasser eine Torf- oder Muddeschicht, so verarmt es stufenweise an mitgeführten Nährstoffen. Die Mineralstoffe werden von den Torfkolloiden festgehalten und zugleich gegen Wasserstoffionen ausgetauscht. Damit wird das dem Moor zugeführte Mineralbodenwasser zunehmend saurer. Mit der Ausdehnung der Moore und wachsender Torfmächtigkeit steigt auch die ›Verarmung‹ im Moorzentrum. Der Beweis dafür ist vielfach erbracht worden: Moore bilden ja nicht allein das Substrat für die dort gegenwärtig lebenden Pflanzen und Tiere, sie sind zugleich ›Friedhof‹ für die Pflanzenreste aus früheren Moorentwicklungsstadien.

Ein Vergleich der Reste aus älteren und jüngeren Torfschichten belegt in den meisten Fällen eine Anpassung der Pflanzenwelt an immer nährstoffärmere Verhältnisse bei zunehmendem Alter der Moore.

Besonders extrem ist dies in den Hochmooren. Deren Wasserversorgung erfolgt unabhängig vom Grundwasser der umgebenden Landschaft ausschließlich über die Niederschläge, die Nährstoffversorgung allein über Luft und Regen. Wie der Name bereits andeutet, hat das Torfwachstum bei Hochmooren nämlich dazu geführt, daß der Torfkörper das Geländeniveau überragt.

Warum sind eigentlich solche Hochmoore, soweit nicht entwässert, in der Lage, ihre Wasserstände zu halten, ohne regelrecht auszulaufen? Die Antwort ist einfach: Die älteren Torfschichten sind verdichtet und wirken als wassergesättigter Staukörper. Nur in den lockeren, porenreichen oberen Torfschichten ist daher das Wasser frei beweglich. Erst ein dichtes Netz künstlicher und stets offen gehaltener Gräben schafft somit die Voraussetzung, ein Hochmoor wirksam zu entwässern.

Torfmoose als die wichtigsten Torfbildner der Hochmoore sind recht wirkungsvolle Wasserspeicher. Generell vermögen sie ein Vielfaches ihres Trockengewichts an Wasser aufzunehmen. Neben chlorophyllhaltigen kleinen Zellen besitzen sie nämlich für die zeitweilige Wasserspeicherung größere, abgestorbene Zellen. Durch Poren kann das Wasser aus der Umgebung ungehindert in diese Zellen eindringen und bei Verdunstung auch wieder austreten.

Im Gegensatz zu den Blütenpflanzen im Moor haben die Torfmoose jedoch keinerlei Möglichkeit der Regulation über ein Öffnen oder Schließen der Poren; der Wasseraustausch erfolgt passiv, etwa einem Schwamm vergleichbar. Bei vollständig oder weitgehend gefüllten Poren erfolgen Photosynthese und Wachstum der Torfmoose; bei ausgetrockneten Wasserzellen müssen sie dagegen vorübergehend ihre Lebenstätigkeit einstellen und in einer Art Trockenstarre verharren. Wachstum setzt also hier eine kontinuierliche Wasserversorgung voraus.

Bei den häufig kleinflächigen Strukturen der Mooroberflächen ist dies freilich selten in allen Bereichen gleichzeitig gegeben: Trocknen die Lebensräume längere Zeit hindurch aus, so verschlechtern sich die Konkurrenzverhältnisse für die Torfmoose zum Beispiel gegenüber den Gräsern oder Zwergsträuchern, wie etwa Besenheide, Krähenbeere und dem Benthalm, der auch Pfeifengras genannt wird. Allerdings ist eine lange anhaltende Überstauung von Moorflächen für die Entwicklung der meisten Torfmoos-Arten — über dreißig verschiedene gibt es in unseren Mooren — höchst hinderlich.

Genauere Untersuchungen haben nämlich ergeben, daß der Längenzuwachs der Torfmoose, die in Moorschlenken, Kolken oder Torfstichen schwimmend gedeihen, zwar beträchtlich sein kann, aber zugleich erfolgt in diesen Lebensräumen ein besonders rascher Abbau der abgestorbenen Torfmoosteile. Insgesamt ist bei Wasserständen zwischen zwanzig und vierzig Zentimeter unter Flur der Torfzuwachs am stärksten. Er fällt zu nasseren Flä-

Rechts: Schafe sollen durch Beweidung ein zu starkes Aufkommen von Birken und Benthalm verhindern. Der Tritt der Tiere beeinträchtigt jedoch auch die moorspezifische Pflanzenwelt stark.
(Foto: Almers)

Links: Ein früheres Hochmoor im Dümmergebiet wird nach Entwässerung und Düngung als Pferdekoppel genutzt.
(Foto: Dittrich)

chen hin drastisch ab und kommt auf trockeneren Standorten völlig zum Erliegen.

Torfmoose — aber eben nicht alle Arten — übernehmen für den Wasserhaushalt eines lebenden Hochmoores eine entscheidende Steuerfunktion: Bei günstigen Voraussetzungen etabliert, halten sie die Wasserstände ›in ihrem Sinne‹ und erwehren sich so möglicher Konkurrenten. Wird dieser Lebensraum allerdings gestört — etwa durch eine stärkere Entwässerung —, so verschieben sich die Konkurrenzverhältnisse rasch zuungunsten der Torfmoose. Die Beobachtung lehrt, daß diese Entwicklung nur sehr schwer aufzuhalten, geschweige denn umzukehren ist.

Deutlich wird auch, daß die Wasserverhältnisse nicht allein die Entwicklung der Torflager steuern; sie bestimmen letztlich auch die Nährstoffverhältnisse im Moor. Während in den nährstoffreichen Röhrichten und Sümpfen sowie je nach Grad der Mineralstoffversorgung in den grundwassergeprägten Niedermooren eine Vielzahl von Arten, wie Blutauge und Fieberklee, geeignete Lebensbedingungen vorfindet, gilt dies keineswegs für die regenwasserversorgten, extrem nährstoffarmen Hochmoore. Nur eine relativ kleine Zahl von Lebens-

Oben: Der kleine Torfstich im Oppenweher Moor geht nach hinten zu in schwimmende Flächen des Spitzblättrigen Torfmooses über. Es wird allerdings nach Absterben der Pflanzen weitgehend zersetzt und trägt daher kaum zur Torfbildung bei.
(Foto: Schmelzenbach)

künstlern, wie Rosmarinheide und Moosbeere, vermag hier ihr karges Dasein zu fristen.

Die günstigere Nährstoffbilanz der Niedermoore hat übrigens eher als bei den Hochmooren zur Entwässerung und landwirtschaftlichen Nutzung geführt. Im Flachland sind heute die Niedermoore nahezu restlos vernichtet, und der einst bezeichnende und reiche Artenbestand gibt sich in seltener Vollständigkeit ein Stelldichein auf den ›Roten Listen‹. Hochmoore oder deren gestörte, ausgetrocknete, wiedervernäßte oder auf andere Weise malträtierten Reste können aufgrund ihrer extremen Lebensbedingungen nur in weit geringerem Maße Rückzugsgebiete für selten gewordene Arten sein.

Im Bestand sehr gefährdet sind die meisten Niedermoorpflanzen

In den norddeutschen Niedermooren sind derzeit etwa achtzig Prozent der für sie typischen Pflanzenarten gefährdet. Einige von ihnen mag man zeitweilig noch im feuchten Wirtschaftsgrünland antreffen. Die große Mehrzahl, wie das Gemeine Fettkraut und die Echte Sumpfwurz, bleibt dagegen auf ganz spezielle Moorstandorte angewiesen.

Manche, wie etwa das Alpen-Wollgras, sind Überbleibsel aus der Zeit, als sich das Inlandeis aus Norddeutschland nach Skandinavien zurückzog. Ihre Lebensräume haben Jahrtausende überdauert, und erst in den vergangenen zwanzig Jahren wurden ihre Existenzmöglichkeiten bei uns so stark beschnitten, daß ihr weiteres Überleben unwahrscheinlich geworden ist.

Die Entwässerung der Niedermoore hat verschiedene Auswirkungen gleichzeitig: Mit sinkenden Wasserständen wird die Struktur der Torfe zerstört, und in dem unter Luftzutritt zersetzten Substrat werden Nährstoffe freigesetzt, die vor allem rasch- und hochwüchsige Arten fördern. Im trockeneren Bereich sind es Brennessel, Mädesüß und Quecke, auf nassen Standorten Flatterbinse, Rohrkolben und Wasserschwaden. Sie sind für die niedrigwüchsigen, eigentlichen Niedermoor-Pflanzen eine wahrhaft erdrückende Konkurrenz.

Jede einmal erfolgte Nährstoff-Freisetzung aus den mineralisierten Niedermoortorfen ist nicht wieder rückgängig zu machen. Selbst dort, wo es gelingt, die Wasserstände wieder annähernd auf das ehemalige Niveau anzuheben, beherrschen fürderhin Röhrichte und Hochstaudenrieder das Bild des ehemaligen Niedermoores.

Die vielfach mächtigen Torflager der Hochmoore wurden anders genutzt als die Niedermoore. Letztere hat man fast ausschließlich zur Gewinnung landwirtschaftlicher Nutzflächen entwässert und vielfach direkt in Grünland überführt, Hochmoore waren dagegen vielseitiger zu verwenden. Bereits seit Jahrhunderten wurden sie randlich ›angenagt‹, und die gestochenen Soden wanderten aus dem bäuerlichen Torfstich in die Öfen der Moorbauern.

Für diese körperliche Schwerstarbeit wurden spezielle Werkzeuge entwickelt: zum Torfschneiden verschiedene Spaten und Messer, zum Abfischen lockeren Naßtorfes Kescher, für den Transport Torfschlitten und -karren, zum Formen von Ziegeln Pressen und Streichformen und schließlich große Holzschuhe für Mensch und Pferd. Bereits durch diesen Torfstich per Hand wurden ausgedehnte Flächen in Weiden und Äcker überführt.

Rationalisierungsprozesse seit dem vergangenen Jahrhundert führten schließlich zum industriellen Abbau mit Großgeräten. Der bäuerliche Torfstich kam praktisch zum Erliegen, und auch Brenntorf ist heute bei uns ohne Markt. Die Nutzung hat in Deutschland im wesentlichen das Ziel der Blumen- und Gartentorfgewinnung.

Das Dilemma jeden Versuches einer Wiederbelebung der Torfbildung ergibt sich aus den geschilderten Wasserverhältnissen, wie sie für lebende Moore gelten. Ein Teil eines der ehemals größten Hochmoore des Dümmergebietes, das Oppenweher Moor, mag als Beispiel für die folgenden Überlegungen gelten.

Bemühungen zur Regeneration: kaum Erfolge

Eine ganze Reihe der zur Zeit üblichen Methoden zur Moorregeneration ist hier praktiziert worden: Der Wasserspiegel wurde durch Abschotten der Gräben gehalten oder wieder angehoben, Birken wurden geschlagen und trieben — erwartungsgemäß —

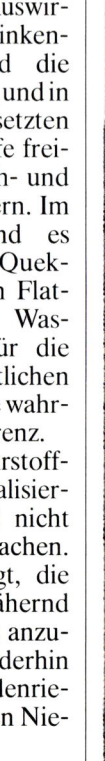

Rechts: Böden, die schon vor längerer Zeit abgetorft wurden, wie im Venner Moor, werden oft vom Schmalblättrigen Weidenröschen besiedelt. Die für naturnahe Moore bezeichnende Vegetation ist vollständig vernichtet.
(Foto: Dittrich)

über eine Vielzahl von Schößlingen wieder aus, und eine Herde von Schafen durchzieht das Moor, um eben diesen Birkenjungwuchs neben dem Benthalm kurzzuhalten. Nach gängiger Auffassung wurde demnach alles getan, dem Moor wieder ›auf die Sprünge‹ zu helfen. Gleichwohl scheint der Erfolg auf längere Sicht zweifelhaft.

In der Artenzusammensetzung zeigen entwässerte Hochmoore zunächst nur einen ziemlich schwachen Wandel. Dagegen machen sich die Veränderungen in der Vegetationsstruktur sehr deutlich bemerkbar. Solange die Wasserstände nur mäßig abgefallen sind, beherrschen Besenheide und Scheiden-Wollgras weithin das Bild.

Erst bei stärkerer Entwässerung stellen sich der Benthalm und, nach einiger Zeit, die Moor-Birke ein. Aus einer ehemals offenen Moorlandschaft entwickelt sich ein sekundärer, trockener Birken-Bruchwald mit einer einförmigen Krautschicht, in der die Mehrzahl der Moor-Arten fehlen.

Auch in den Benthalm-Beständen oder im Birken-Bruch unterliegen die Torfe Abbauprozessen, bei denen Nährstoffe freigesetzt werden, freilich in geringerem Umfang als in den meisten Niedermooren. Höbe man an solchen Stellen die Wasserstände auf das ursprüngliche Niveau an, so würde sich dabei noch keineswegs die ursprüngliche, zuletzt baumfreie Moorvegetation einstellen. Das Laubdach der Moor-Birken entwickelt nämlich erheblichen Durst. Auf trockenen Wuchsorten kann die Birke zwar sparen,

Links: Der Moor-Gelbling ist an die Rauschbeere als Wirtspflanze gebunden. Sofern in Norddeutschland seine Futterpflanze vorkommt, belebt er auch bereits entwässerte Moorstandorte.
(Foto: Schikora)

Unten: Die weißen Fruchthaarschöpfe des Scheiden-Wollgrases besiedeln bisweilen auch stark gestörte Moorreste.
(Foto: Wothe)

41

aber vernäßte Birkenbrücher verdunsten weit größere Wassermengen als etwa die Torfmoosdecke eines wachsenden Hochmoores.

Folgerichtig ist der erste Schritt einer ›Wiederbelebung‹ neben dem Verfüllen von Entwässerungsgräben zugleich das Abholzen der Birkenbestände, das ›Entkusseln‹. Sinnvoll ist dies nur auf den Flächen, wo die Birken die Bodenwasservorräte wirklich so stark nutzen, daß andere Pflanzen behindert werden. Gleichwohl sind diese Maßnahmen zwar Voraussetzung, aber keine Garantie zur Wiederherstellung früherer Verhältnisse.

Der Benthalm hat durch die Nährstoff-Freisetzung bei der vorausgegangenen Entwässerung eine starke Förderung erfahren. Das Gras speichert die einmal aufgenommenen Stoffe in den Wurzeln, aus denen verstärkt neue Halme sprießen. Dezimieren lassen sich die sehr stabilen Bestände deswegen nur mit recht rüden Methoden, wie intensiver Schafhaltung und gleichzeitigem gezieltem Brennen der Flächen. Wird beides in der richtigen Dosierung angewandt, so mag es gelingen, einige der Nährstoffe wieder dem Kreislauf zu entziehen und den Benthalm auszuhungern. Die Konkurrenzverhältnisse verschieben sich dann zugunsten der Besenheide und des Scheiden-Wollgrases.

Ist dies der erste Schritt zur Entwicklung eines wieder ›lebenden‹ Hochmoores? Skepsis ist angezeigt. Beweidung und Feuer, aber auch etwa der Einsatz schwerer Maschinen zur Mahd zerstören zunächst jegliches Torfmooswachstum, und der Artenreichtum eines auf diese Weise gewonnenen Bestandes unterscheidet sich kaum von jenem der vorausgegangenen ›einfältig‹-monotonen Benthalm-Bestände.

Vorhandensein von Torfmoosen muß nicht Torfwachstum bedeuten

Bewirkt zusätzliches Moorwasser aus angrenzenden, aufgestauten Flächen eine ›Besserung‹? Versuche hierzu gibt es inzwischen mehrerenorts.

Auch hier ist der Anblick zunächst erfreulich: An den flacheren Stellen überstauter Moorpartien siedelt das Schmalblättrige Wollgras, mitunter durchsetzt von schwimmenden Torfmooswatten. Die Bestände sind auch recht stabil, solange kein zusätzlicher Nährstoffeintrag erfolgt. Für ein nennenswertes Torfwachstum ist es hier allerdings zu naß. Durch die lebhafte Algenentwicklung im Flachwasser kommt es häufig zur Sauerstoffübersättigung, und das abgestorbene Pflanzenmaterial wird fast vollständig abgebaut. Die bloße Existenz von Torfmoosen deutet also keineswegs auf Torfbildung hin.

Wasserflächen innerhalb oder in der Umgebung eines Moores bergen gleichzeitig ein Problem, das es beim ›Management‹ zu beachten gilt: Sie locken eine Vielzahl von Vögeln an, die im ›armen Moor‹ zwar keine ausreichende Nahrung finden, doch sie reichern es über ihren Kot mit Nährstoffen an.

Allererstes Anzeichen ist reiches Algenwachstum, gefolgt von einer Ausbreitung nährstoffbedürftiger Arten an den Ufern: Flatter-Binse, Rohrkolben und Wasser-Schwaden seien hier genannt. Verwendet man Wasser aus diesen Flächen etwa über windradgetriebene Pumpen zur Bewässerung trockenerer Moorteile, so werden auf letzteren besonders jene Arten wie der Benthalm gefördert, die man gerade nicht haben möchte.

Unabhängig hiervon gibt es weitere Düngungsprobleme, denen

Unten: Nur langsam wird der offene Torfboden eines zerstörten Hochmoors wieder besiedelt: Wollgras, Besenheide und Moorbirke beherrschen zur Zeit die Szene.
(Foto: Limbrunner)

unsere Hochmoore bislang noch niemals ausgesetzt waren. Ihr Einfluß ist mangels genauerer Kenntnisse gegenwärtig schwer abschätzbar: der Eintrag von Mineraldünger aus angrenzenden landwirtschaftlichen Nutzflächen. Unbestritten bleibt, daß jede Düngung die Entwicklung der torfaufbauenden Torfmoose hemmt und jene ihrer Konkurrenten fördert.

Gibt es für Hochmoore bei uns überhaupt noch eine Chance? Klar beantworten läßt sich diese Frage schon deswegen nicht, weil unklar ist, ob Moore in intensiv genutzten Agrarlandschaften überhaupt noch längerfristig lebensfähig sind. Darüber hinaus birgt die Überführung entwässerter Moorreste in nasse ›Regenerations-Flächen‹ eine Fülle ungelöster Probleme.

Noch am besten steht es um solche Moore, die, nur schwach beeinträchtigt, Reste der ursprünglichen Pflanzen und Tiere enthielten und mit relativ einfachen Maßnahmen so erhalten werden können.

Unter ungünstigeren Bedingungen gelingt es, unerwünschte Arten, wie Birken und Benthalm, zeitweilig etwas zu unterdrücken. Für andere Arten, wie Besenheide, Wollgras und Spießblättriges Torfmoos, wurden Pflegemaßnahmen zur Erhaltung, teilweise auch Förderung der Bestände entwickelt. Vermutlich lassen sich solche Erfolge künftig auf weitere Arten ausdehnen.

Ein Anlaß zur Hoffnung? Realistisch betrachtet, lassen sich heute die Lebensraumansprüche solcher Arten erfüllen, die konkurrenzkräftig oder — bei Tieren — Endglieder von Nahrungsketten sind. Sie dürfen nicht zu spezielle ökologische Anforderungen stellen. Nährstoffreiche Feucht-Lebensräume lassen sich heute relativ leicht einrichten und gestalten: Regieanweisungen hierzu füllen Regale, und um Seerose, Wasserfrosch sowie die Stockente braucht man kaum zu fürchten.

Hochmoore allerdings sind alte und nährstoffarme Ökosysteme, die für ihre Entwicklung Jahrtausende benötigten. Übertriebene Hoffnungen für ihr Wiederentstehen binnen einiger Jahrzehnte offenbaren nicht nur eine naive Vorstellung von der einfachen Steuerbarkeit komplexer Lebensräume. Sie entspringen vielmehr zugleich derselben anmaßenden Überschätzung eigener Fähigkeiten und Ansprüche, mit denen der Mensch diese Lebensräume vor gar nicht allzulanger Zeit vernichtet hat.

Links Mitte: Die Krähenbeere wächst auf entwässerten Torfen gut, solange die Birken dem Zwergstrauch nicht das Licht nehmen. Auf dem Foto sieht man die Staubblätter der teilweise eingeschlechtigen Blüten.
(Foto: Schmelzenbach)

Links unten: Die prächtig blühende Glockenheide ist der bezeichnende Zwergstrauch in den norddeutschen Hochmooren und Feuchtheiden.

Unten: Moorbirken haben sich auf Wollgrasbüscheln eines zerstörten Hochmoors angesiedelt, in dem der Wasserspiegel wieder etwas angehoben wurde. Selbst dort, wo es gelingt, den ursprünglichen Wasserstand wiederherzustellen, ist die Rückkehr der natürlichen Vegetation sehr selten.
(Fotos: Dierßen)

Jungstörche
(Foto: Stelzer)

Sorgenvogel des Jahres
STÖRCHE LEBEN GEFÄHRLICH

Selten wird ein Vogel so sehnsüchtig im Frühjahr erwartet wie der Weißstorch, dem wir sogar das Nest liebevoll bereiten. Sein verhaltenes Werben sowie die Aufzucht der Jungen und erste Flugübungen werden mit großem Interesse verfolgt. Doch all das verhindert nicht, daß er in der Bundesrepublik immer seltener wird. Die Trokkenlegung und Vergiftung großer Flächen durch Biozide haben ihn vertrieben. Unsere Überlandleitungen werden zu Todessträngen.

Früher war das Tiefland von Niedersachsen reich an Störchen. Ein kleiner Kreis lag neben dem anderen. Nur die großen Hochmoorgebiete im Westen und die hohe Heide bleiben frei. Jeder dieser Kreise zeigte oder zeigt das Brutvorkommen von Weißstörchen an. Leider können nur noch wenige dieser Storchenbrutorte als ausgefüllte Punkte dargestellt werden. Sie bedeuten, daß hier auch heute noch Freund Adebar durch die Wiesen stelzt. Die meisten der Signaturen sind lediglich Erinnerung an Zeiten, in denen jedes Schulkind in Norddeutschland mit dem Klapperstorch, der es einst aus dem Froschteich fischte, eine ganz lebendige Vorstellung verband.

Heute kennen viele diesen legendären Vogel nur noch aus dem Fernsehen. In seiner natürlichen Umgebung sehen ihn wenige Menschen. Denn von den rund fünftausend Storchenpaaren, die um die Jahrhundertwende in niedersächsischen Dörfern brüteten, sind lediglich knapp vierhundert geblieben. Daher ist zu Recht der Weißstorch vom Deutschen Bund für Vogelschutz zum ›Sorgenvogel‹ des Jahres 1984 ernannt worden.

Auf der Karte sind auch im Süden und Westen des Dümmers noch einige rote Punkte. Trotz aller tiefgreifenden Umgestaltung des Gebietes nach dem Deichschluß vor dreißig Jahren, sind noch einige wenige Storchenpaare ihrer Brutheimat am großen Binnensee treu geblieben.

In den letzten zehn Jahren hat die Zahl der Horstpaare zwischen neun und vier geschwankt. Gute Brutjahre mit zwanzig ausgeflogenen Jungen, wie 1974, und schlechte mit nur zwei Vögeln, wie 1982, wechselten miteinander ab. Doch ist leider ganz allgemein eine stetige Verminderung der Zahlen erkennbar.

Die wenig erfreuliche Zukunftsaussicht für unseren langbeinigen Freund wird uns zum Schluß dieser Betrachtung noch weiter beschäftigen. Zunächst soll eine Storchenfamilie in ihrem Jahresablauf vorgestellt werden.

An einem der letzten Märztage steht der Storchenmann wieder auf seinem von den Winterstürmen zerzausten großen Nest über dem hohen Leitungsmast. Am Tage zuvor hatte noch ein eisiger Wind über die braunen Moorreste und die gelbgrünen Wiesen geweht. Die Gräben sind noch von einer dünnen, spiegelnden Eisschicht überzogen, doch der kalte Wind ist eingeschlafen. Die Sonne scheint warm. Über dem flachen Land jubilieren die Lerchen, und von dem fernen See klingt das rauhe Quarren der Haubentaucher herüber.

Der Storch schüttelt sein Gefieder und stochert im Nest herum. Schließlich fliegt er gleitend in die Wiesenniederung hinaus. Bald darauf rudert er aber schon wieder heran. Vielleicht hatte er den fern im Aufwind kreisenden großen Vogel erspäht. Vielleicht war es aber auch nur die Sorge um seinen Stammsitz, die ihn wieder zum Nest trieb.

Der große Vogel, auch dies ein Storch, gleitet über das Dorf hinweg, wendet und streicht auf den aufgerichtet im Nest stehenden Storchenmann zu. Der duckt sich abwehrbereit nieder. Sein langes Halsgefieder sträubt sich. Auf irgendeine geheimnisvolle Weise muß er aber doch bald erkannt haben, daß da kein Nesträuber einen Angriff auf sein Eigentum startet, sondern eine Storchendame sich ganz auffällig für sein Eigenheim interessiert.

Mit hastigem Ruck stößt er den Schnabel senkrecht in die Höhe und beginnt, die Schnabelhälften wie die Schalen einer Kastagnette aufeinanderschlagend, zu klappern. So senkt er den Schnabel wieder, um dann in gesteigerter Erregung den Kopf weit nach hinten zu werfen, bis er dem Rückengefieder aufliegt. Das Klappern wird schneller und heller. Der Schwanz wird gefächert. Die leicht abgewinkelten Flügel zukken. Die langen roten Beine tänzeln. Langsam werden Hals und Kopf wiederaufgerichtet. Die Spannung nimmt ab. Das Klappern wird leiser und verhalten.

Diese begrüßende Einladung hat sichtlich Eindruck gemacht. Die Storchenfrau schwebt heran. Schon steht sie noch etwas ängstlich mit angepreßtem Gefieder auf dem Nestrand. War die Aufforderung wirklich ernstgemeint? Als dann der Storch wieder den Kopf klappernd zurückwirft, fällt die Störchin ein, und nun verstehen sie sich.

Es ist schon möglich, daß dieses Paar auch schon im vergangenen

Unten: Frösche und Schnecken in Tümpeln sind für den Weißstorch Delikatessen geworden.
(Foto: Cramm)

Jahr hier eine Familie gegründet hat. Ganz sicher ist das aber nicht. Weit wichtiger als die persönliche Beziehung ist die Bindung beider an ihr Nest. Wie man aus der langjährigen Beobachtung beringter Störche inzwischen weiß, kehrt der Storchenmann recht sicher immer wieder hierher zurück. Die Störchinnen wechseln den Brutplatz häufiger. Das mag daran liegen, daß sie meist etwas später in der Brutheimat eintreffen und daher oft schon eine Rivalin am Nest vorfinden. Vielleicht ist aber auch bei ihnen die Nestbindung nicht so ausgeprägt.

So konnte eine in Ostfriesland aus dem Ei geschlüpfte Storchendame über neunhundert Kilometer südöstlich am Neusiedler See als Brutvogel wiederentdeckt werden. Die Beringung gab darüber Auskunft. Eine andere Störchin war aus der Gegend bei Augsburg nach Schleswig-Holstein verzogen. Zumeist bleiben aber auch die Storchenfrauen ihrer Geburtsheimat weitgehend treu.

Eine auffällige Balz, wie bei vielen anderen Vögeln, gibt es bei den Störchen nicht. Vielleicht dient die anfangs recht häufige Paarung auch wesentlich dem Verständnis und Zusammenhalt der Partner. Unsere beiden Störche stehen, ein jeder für sich ausgiebig mit der Gefiederpflege beschäftigt, nebeneinander im Nest. Der Hals wird dabei so weit wie irgend möglich gestreckt, um zuerst einmal das lange Halsgefieder in der Kropfgegend durchknabbern und ordnen zu können. Dann werden die locker gesträubten Rückenfedern und die lose hängenden Flügel bearbeitet und eingefettet. Beide sind in ihr Tun völlig versunken. Um einander scheinen sie sich nicht zu kümmern.

Dann wendet sich das etwas kleinere Weibchen jedoch dem Männchen zu. Sachte beginnt es, dessen Kinnpartie und Kopfseiten zu kraulen. Der Storch läßt sich diese Zärtlichkeiten mit offensichtlichem Wohlbehagen gefallen. Doch kurz darauf küm-

Oben: Der Weißstorch wirft den Kopf so weit zurück, bis sein Scheitel das Rückengefieder berührt, dann öffnet er den Schnabel und klappert vernehmlich.
(Foto: Goos)
Links: In den Wiesen sucht der Weißstorch nach Insekten und Feldmäusen.
(Foto: Walz)

mert sich die Störchin wieder nur um das eigene Gefieder. Er steht noch ein Weilchen mit gesenktem Schnabel wie nachdenklich da. Nun beginnt der Storch, langsam schreitend, seine Frau zu umrunden. Vorsichtig setzt er einen Fuß auf ihren Rücken. Sie hat offensichtlich nichts dagegen. Mit ausgebreiteten Schwingen das Gleichgewicht haltend, steht er über ihr. Seine langen Läufe knicken ein. Die leuchtend roten Schnäbel treffen sich in schnäbelnder Liebkosung. Kurz darauf ist von ehelicher Zuwendung kaum mehr etwas erkennbar. Ein jeder ist schon wieder still für sich mit der Ordnung und Pflege des Gefieders befaßt.

Die Sorge um den Nachwuchs beginnt mit Reparaturen am Nest

Jetzt, am Anfang des Brutjahres, ist die wichtigste Aufgabe die Reparatur des Nestes. Die Herbst- und Winterstürme haben den Nestrand teilweise fortgeweht. Regen und Schnee haben die weiche Innenauspolsterung durchtränkt und verfestigt. Ordnend zerrt der Storch hier und da einen vorstehenden Ast heraus, um ihn an anderer Stelle wieder schiebend einzubauen.

Von den Nahrungsflügen in die Wiesen werden Äste, Gras- und Strohbüschel, aber auch Papierfetzen, Lappen und anderer Plunder mitgebracht. Das Männchen ist beim Flicken des aus Stöcken und Zweigen geschichteten Nestrandes noch weitgehend allein tätig. Bei der Auskleidung der Nestmulde mit welkem Gras, Stroh, Mist, Lumpen und ähnlichen Polsterstoffen hilft das Weibchen tatkräftig mit. Selten sind beide zugleich unterwegs. Zumeist bleibt einer als Wache zurück.

Auch jetzt, da Eier oder Junge noch keinen besonderen Schutz erfordern, hat dieses Wacheschieben durchaus seinen Sinn. Jedes gut erhaltene Storchennest zieht vorbeikommende Störche geradezu magisch an. Ein besetztes Nest wirkt noch stärker als ein unbesetztes. Obwohl bei stark schwindendem Storchenbestand eher Überangebot als Wohnungsnot herrscht, kommt es daher immer noch zu manchmal sogar tödlich verlaufenden Kämpfen zwischen Nesteigentümern und Eindringlingen.

Auch unserem Paar bleibt eine solche Auseinandersetzung nicht erspart. Die übliche Klapperbegrüßung, mit der der Partner empfangen wird, fällt bei dem Storchenmann auf einmal recht seltsam aus. Die Bewegungen von Hals, Kopf und Schnabel sind zwar dieselben wie sonst auch, aber gleichzeitig bewegt er die halb gebreiteten Flügel schwingend auf und ab. Das Schwarz der Schwingen ergibt so mit dem leuchtenden Weiß des übrigen Gefieders einen weithin sichtbaren bewegten Kontrast.

Der Vogel, dem diese Vorführung gilt, ist gar nicht die Störchin. Die stelzt dahinten vor dem Dorf noch durch die Wiese. Ein fremder Storch kommt geradewegs auf das Nest zugerudert. Das abwehrende Flügelpumpen des Hausherrn scheint ihn nicht sonderlich zu beeindrucken. Ein schüchterner Jungstorch, der — noch nicht ganz brutreif — nur einmal versuchen will, ob da nicht doch schon Anschluß zu finden ist, wird das nicht sein. Der würde schlank aufgerichtet auf einem der benachbarten Dächer niedergehen und bei dem ersten ernsthaften Abwehrangriff des Platzstorches schnell das Weite suchen. Nein, dieser Eindringling muß schon ein alter, erfahrener Kämpe sein. Vielleicht hat er schon früher einmal diesen Horst besessen und will ihn nun zurückerobern.

Auf dem Nest entbrennt ein wütender Kampf. Die Landung hat unser Storch trotz heftigster Gegenwehr nicht verhindern können. Nun stemmen sie sich gegeneinander. Die großen Flügel schlagen aufeinander ein. Die gefährlich spitzen Schnäbel stoßen zu. Lange geht so das Ringen hin und her. Jeder versucht, den anderen über den Horstrand zu drängen. Hals- und Brustgefieder beginnen, sich rot zu färben. Endlich, nach fast einer Stunde erbittertsten Kampfgetümmels, hat unser Nestbesitzer den wohl schon ermatteten Gegner richtig erwischt. Mit einem wuchtigen Frontalangriff befördert er ihn vom Horst. Der Unterlegene streicht, sichtlich mitgenommen, ab. Der Sieger richtet sich auf, schüttelt sein zerzaustes Gefieder und klappert seinen Triumph der zurückkehrenden Gattin entgegen.

Bei gleichwertigen und vor allem bei gleichmotivierten Gegnern können sich die Storchenkämpfe über mehrere Stunden bis zur völligen Erschöpfung der Kontrahenten oder gar bis zum Tod eines der Streiter hinziehen. Sind schon Eier oder gar Junge im Nest, führt der Kampf meist zur Vernichtung der Brut. Ein zweites Gelege, wie das bei vielen Vögeln möglich ist, gibt es bei den Störchen nach den bisherigen Beobachtungen nicht. So können solche Auseinandersetzungen zum totalen Ausfall einer Jahresbrut führen.

Am Tag nach diesem Vorfall liegt in der Nestmulde das erste Ei. Es ist nicht sehr groß und kalkweiß. Alle zwei Tage kommt ein weiteres hinzu. Schließlich sind es vier.

Rechts: Der Weißstorch ordnet sein Gefieder.
(Foto: Walz)

Schon vom ersten Ei an bleibt einer der Störche ständig am Nest. Auch das eine Ei wird schon sitzend bedeckt. Mit der richtigen Brut wird aber erst nach dem zweiten oder dritten Ei begonnen. Storch und Störchin lösen sich beim Brüten getreulich ab. Feste ›Arbeitszeiten‹, etwa der eine tags und der andere nachts, gibt es nicht. Die Brutablösung, die zumindest in der Anfangszeit von gemeinsamem Geklapper begleitet wird, erfolgt mehr zwanglos. So kann es durchaus sein, daß einer der Eheleute merklich ausdauernder und fleißiger brütet als der andere.

Immer noch wird an dem Nest weiter gebaut. Der ablösende Partner kommt von der Nahrungssuche in den Niederungen mit Nistmaterial im Schnabel herbeigeflogen. Dann bemühen sich oft beide, der Brütende wie der Rückkehrer, darum, Stöcke, Heu

Links: Der Eindringling wird schon in der Luft vom Besitzer des Nestes abgewehrt. Die Störchin schützt das Gelege.
(Foto: Aßfalg)

Unten: Mit drohendem ›Flügelpumpen‹ wehrt der Storch wohnungssuchende Artgenossen und Rivalen ab.
(Foto: Curth)

49

oder gar eine Plastiktüte sinnvoll unterzubringen. Eine gerichtete Zusammenarbeit gelingt dabei nur selten. Jeder versucht seine eigene Vorstellung durchzusetzen, was die Prozedur dann recht langwierig machen kann.

Von Zeit zu Zeit erhebt sich der brütende Vogel, wendet die Eier und stochert ausgiebig im Nestgrund herum. Sicher soll so für die Eier eine weiche, trockene und isolierende Unterlage erhalten werden.

Nach gut einem Monat aufopferungsvoller Brut schlüpfen die Jungen. Zunächst sind die mit einem schütteren grauweißen Dunenkleid bedeckten Kleinen noch blind. Die Augen öffnen sich aber nach wenigen Stunden. Schon in den ersten Lebenstagen üben sie das Klappern. Die weichen Schnäbelchen bringen aber noch keinen rechten Ton zustande.

Eben erhebt sich der besorgt und nervös wirkende Altvogel wieder behutsam vom Nest. Schon recken sich die dünnen Hälschen in die Höhe. Die dunklen Schnäbelchen pendeln zum Rücken und wieder nach vorne. So entsteht im Nest eine seltsam wogende Bewegung. Kurz darauf verschwinden die schwankenden Köpfchen wieder im schützend gesträubten Gefieder des Altstorches. Solange die Jungen durch Wind und Wetter, aber auch durch böse Nachbarn oder andere unliebsame Besucher noch gefährdet sind, bleibt einer der Eltervögel ständig auf dem Horst.

Anfangs müssen die Kleinen noch ausgiebig gehudert werden. Später steht, wenn nötig, einer der Altvögel als lebender Sonnen- oder Regenschirm mit abgewinkelten Flügeln breitbeinig über ihnen. Die Wachablösung wird von dem mit Futter im Schlund herbeikommenden Storch sofort übernommen.

Zudringlich — aber erfolgreich: Jungstörche beim Futterbetteln

Unmißverständlich fordert der Nachwuchs den Alten zur Übergabe der Nahrung auf. Die Flügelstummel rudern. Unter miauenden Rufen picken sie heftig auf den noch leeren Nestboden. Nach einigem Sträuben, Schütteln und verlegenem Auf-der-Stelle-Treten senkt der Altstorch schließlich seinen Schnabel und würgt den Schlundinhalt in die Nestmitte. Die Jungen machen sich gierig darüber her.

Nachdem alle satt sind, verzehrt der Versorger den Rest. Gesättigt hocken die Nestgeschwister dicht beieinander. Noch recht ungeschickt versucht eines seinen Nachbarn mit dem Schnabel zu kraulen. Auf diese Weise angeregt, macht sich nun auch der Altvogel an die Körperpflege seines Nachwuchses. Schon nimmt er sich den Nächstliegenden vor. Emsig durchknabbert er ordnend und säubernd dessen weiches Daunenkleid. Dem Kleinen wird das schließlich zuviel. Es rutscht ausweichend zum Nestrand. Der zudringlich kitzelnde, große Schnabel wendet sich einem näher liegenden Geschwister zu.

In der ersten Woche sind die Storchenküken noch so unbeholfen, daß sie ihr eigenes Nest beschmutzen. Die Alten machen durch Lüften des Nestbodens und Eintragen von Niststoffen die Sache wieder einigermaßen gut. Bald können sich die Jungen mit Beinen und Flügeln zum Nestrand schieben. Der weiße Strahl schießt dann über den Rand hinweg. Die Nestumgebung wird zunehmend getüncht.

Manchmal ist das Verhalten der kleinen Störche bei den Wachwechseln oder den Fütterungen recht merkwürdig. Sie scheinen ihre Eltern nicht immer gleich zu erkennen. Statt ihnen bettelnd entgegenzukommen, drücken sie sich dann flach mit vorgestreckten Hälsen auf den Nestboden. Wie leblos liegen sie da und erwachen aus dieser Starre erst, wenn ganz sicher ist, daß keine Gefahr droht. So entgehen sie bei den auch jetzt noch möglichen Nestkämpfen den Schlägen und Stößen der Angreifer und vielleicht auch den Übergriffen durch die erregten, gereizten Eltern.

Mit zunehmender eigener Wehrfähigkeit wird diese Schreckstarre immer seltener. In ungewohnten Situationen, wie etwa beim Erscheinen von Pflegern, die behinderte oder verletzte Störche retten wollen, können aber auch voll ausgefiederte Jungstörche, ja sogar Erwachsene wieder in Schreckstarre fallen.

Wenn den Kleinen im Alter von rund drei Wochen die schwarzen Flügelfedern zu sprießen beginnen, können die Eltern sie auch schon zeitweise ganz alleine lassen. Nun gehen beide gleichzeitig auf Jagd, um den zunehmenden Appetit ihres Nachwuchses zu stillen.

Sehr zartfühlend gehen die Halbwüchsigen mit ihren Alten nicht

Unten: Der etwas größere Storchenmann läßt sich von seiner Auserwählten am Hals ›kraulen‹.
(Foto: Dittrich)

um. Sobald Vater oder Mutter mit gefülltem Schlund auf dem Nest landen, werden sie auch schon hart bedrängt. Mit schlagenden Flügeln und Schnabelstößen versuchen die Jungen, möglichst schnell an das Futter zu kommen. Dieses zudringliche Gewimmel wird den Altstörchen zunehmend lästig. Gleich nach der Futterübergabe flüchten sie auf einen ruhigen Standplatz außerhalb des Nestes. Dort ordnen sie ihr Gefieder und verschnaufen etwas, bevor sie sich wieder auf Nahrungssuche begeben.

Sind die Jungstörche zwei Monate alt, beginnen sie mit den ersten Flugübungen. Zuerst sieht das noch recht ungeschickt aus. Wie balancierend stehen sie vorgebeugt mit gestreckten Flügeln im Wind. Von Tag zu Tag werden sie sicherer und sich der Kraft ihrer Flügel und Beine immer mehr bewußt. Aus dem vorsichtigen Umhertrippeln der ersten Übungstage wird zunehmend ein Hüpfen und schließlich ein richtiger Startsprung. Die gebreiteten Flügel werden immer ausdauernder und kräftiger bewegt. Aus dem zaghaften Rudern wird ein kraftvoller Flügelschlag.

Eines schönen Tages ist es dann soweit. Sie hatten alle schon einige Zeit übermütig hüpfend über dem Nest getollt. Da wagt der eine den ersten richtigen Absprung. Nun dreht er noch ungelenk die ersten freien Runden über den Geschwistern. Die anschließende Landung ist noch keineswegs perfekt. Beinahe hätte er dabei Schwester oder Bruder unsanft über den Nestrand befördert.

Der entscheidende Schritt zur Selbständigkeit ist aber getan. Wenige Tage darauf können alle vier Jungstörche das Nest verlassen. Nach Ausflügen in die Umgebung kehren sie zunächst wieder zum Horst zurück und lassen sich weiter von den Eltern versorgen. Auch die Nächte verbringen sie noch in der vertrauten Umgebung.

Oben: Den Kopf weit nach hinten ins Genick gelegt, empfängt die Störchin ihren Partner.
(Foto: Dittrich)
Links: Zärtlich schnäbeln sich die Partner für die Hochzeit ein.
(Foto Dittrich)

Weitere drei Wochen nach dem ersten selbständigen Flug stehen sie aber so weit auf eigenen Beinen, daß sie sich mit anderen Störchen der Nachbarschaft zusammentun. Mit diesen verlassen sie um die zweite Augusthälfte ihre Brutheimat und machen sich auf die erste weite Reise.

Die Altstörche bleiben oft noch länger da. Sie stochern und flicken an ihrem Nest herum. Nicht selten kommt es auch wieder zu Paarungen. Fast sieht es so aus, als wollten sie eine neue Brut beginnen. Es ist aber wohl doch mehr eine Erholungspause nach den vergangenen Anstrengungen.

Ihren Nachwuchs haben sie so weit gebracht, daß er den Flug ins ferne Winterquartier hoffentlich gut überstehen wird. Nun müssen sie für eigene Reserven sorgen. Wenn dann im September der Sommer ausklingt und die Nächte kühl werden, machen auch sie sich auf den Weg in wärmere und gastlichere Zonen.

Störche am Dümmer in Konflikten: Ost- oder Westroute gen Süden?

Wollte man die Erkenntnis der Beringungsforschung am Weißstorch ganz wörtlich nehmen, so müßten unsere Störche vom Dümmer es recht schwer haben, sich für eine bestimmte Zugrichtung zu entscheiden. Liegt ihr Nest doch fast genau auf der ›Zugscheide‹, der die Ost- von den Weststörchen trennt. Diese Linie beginnt an den Alpen, zieht dann an Lech und Regnitz nordwärts bis zum Kyffhäuser-Gebirge. Hier biegt sie nach Westen ab, folgt dem Südrand von Harz und Weserbergland und verläuft knapp südlich am Dümmer vorbei bis zur Zuidersee.

Wie die vielen Wiederfunde und Beobachtungen beringter Störche ergaben, ziehen die nördlich und östlich dieser Linie brütenden Störche auf einer Ostroute und die westlich und südlich davon wohnenden auf einem Westweg in ihre afrikanischen Winterherbergen. Ganz streng ist diese Trennung aber nicht. In einem breiten Mischgebiet mit der ungefähren Grenze Regensburg—Rügen im Osten und entlang der Oberrheinischen Tiefebene im Westen können beide Zugrichtungen vorkommen.

Zunächst erscheint diese recht ausgeprägte Festlegung bestimmter Zugwege beim Weißstorch erstaunlich. Sie könnten doch, wie viele unserer Zugvögel auch, einfach gen Süden fliegen und würden irgendwann Afrika erreichen. Die Tatsache, daß die Störche nicht in breiter Front, sondern auf schmalen Zugwegen ziehen, hängt sicher mit ihrer speziellen Flugtechnik zusammen.

Störche sind ausgeprägte Segelflieger. Im kraftraubenden Ruderflug können sie nur kurze Strecken zurücklegen. Sie suchen daher thermische Aufwindzonen, in denen sie sich in die Höhe schrauben können, um im Gleitflug die nächste Aufwindzone zu erreichen. Deshalb meiden sie nach Möglichkeit breite Gewässer oder gar Meere und hohe Gebirge.

Will man das zwischen Europa und Afrika ausgebreitete Mittelmeer auf diese Weise überwinden, bleiben nur zwei Möglichkeiten: Der westliche Weg führt über Frankreich und die Iberische Halbinsel zur Meerenge von Gibraltar und von dort nach Marokko. Weiter geht es über die Westsahara zu den Steppen- und Niederungsgebieten von Senegal und Niger.

Da westlich der Zugscheide in Europa nur noch wenige Störche brüten, ist die Zahl der Weststörche zunächst recht klein. Zu ihnen stoßen aber die Bewohner von Spanien, Portugal und schließlich die noch erfreulich zahlreichen Nordafrikaner. Der andere Zugweg umgeht das Mittelmeer im Osten.

Die Oststörche versammeln sich aus ihrem großen Verbreitungsgebiet, das im Norden bis zum Finnischen Meerbusen und im Süden bis zum Asowschen Meer reicht, am Westufer des Schwarzen Meeres. In oft gewaltigen Flügen überqueren sie den Bosporus und ziehen weiter über Anatolien hinweg zum Golf von Iskenderun. Hier steigen sie in den Hangwinden des Amanusgebirges hoch und lassen sich von der Nordströmung nach Süden in das Jordantal tragen. So gelangen sie zum Golf von Akaba, überfliegen den Süden der Sinaihalbinsel, queren in oft geschlossenen, niedrig fliegenden Scharen den Golf von Suez und erreichen schließlich bei Kena den Nil. Von dort an sind zunächst der große Strom und dann der Ostafrikanische Grabenbruch mit den großen Seen Leitlinien für den Weiterflug gen Süden.

Wenige Oststörche bleiben schon in Oberägypten. Das Hauptüberwinterungsgebiet ist der Raum von Sambia bis zum Kapland. Hier sind oder, besser, waren die Störche als ›Große Heuschreckenvögel‹ allgemein bekannt. Sie sammelten sich bevorzugt dort, wo die riesigen Schwärme der gefräßigen Wanderheuschrecken ihr Unwesen trieben.

Die planmäßige chemische Heuschreckenbekämpfung hat inzwi-

Rechts: Nach der Hochzeit wird eifrig Material zur Auspolsterung des Nestes gesammelt.
(Foto: Bogon)

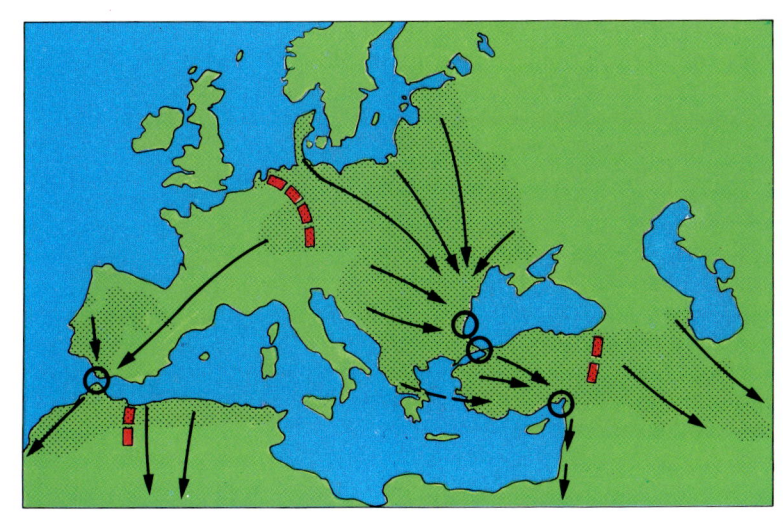

Links: Auf der Karte sind die Zugwege der Störche als schwarze Pfeile eingetragen. Die schwarz gepunkteten Gebiete stellen die Brutvorkommen dar. Die markanten roten Barrieren sind Zugscheiden. Die vier Kreise geben Konzentrationspunkte während des Zuges an.
Man erkennt deutlich, daß Störche den Weg über Meere meiden und die Meerenge von Gibraltar und den schmalen Bosporus als Passage wählen.
(Karte: nach E. Schütz, Lewandowski)

Fototip
Störche im Nest

Störche nisten bei uns fast nur auf Hausdächern, so daß man auch mit sehr langen Telebrennweiten fast immer gegen den Himmel fotografieren muß. In dieser Situation sind die Elektronik automatischer Kameras und auch ein Belichtungsmesser überfordert. Elektronisch wird nämlich der Meßwert auf ein mittleres Grau umgerechnet, was zu einer erheblichen Unterbelichtung führt. Um den ›Meßfehler‹ auszugleichen, kann man die Helligkeit des Daches messen und diesen Wert benutzen oder als Erfahrungswert um 1 oder 2 Blenden ›überbelichten‹. Viele neuere Kameras haben eine sogenannte ›Gegenlichttaste‹, durch deren Benutzung der gleiche Effekt erzielt wird. Die Verschlußzeit muß relativ kurz ($1/250$ oder $1/500$ sec) sein, um Bewegungsunschärfe zu vermeiden.

schen zumindest in Südafrika diese Landplage weitgehend in den Griff bekommen. Sicher sehr zum Kummer der Weißstörche, denn sie haben davon nicht profitiert. Glücklicherweise sind sie aber in der Wahl ihrer Beute nicht sonderlich spezialisiert.
Entgegen der weitverbreiteten Meinung sind Frösche nicht ihre Hauptnahrung. Die großen Vögel können durchaus von viel kleineren Tieren leben. Bei der Ankunft im Brutgebiet und auch noch zu Beginn der Jungenaufzucht, wenn größere Insekten und kleine Wirbeltiere noch kaum zu finden sind, leben die Störche überwiegend von Regenwürmern. Später spielen Käfer, Heuschrecken und andere Kerbtiere eine zumindest gleiche Rolle wie Mäuse, Eidechsen, Frösche und Fische.

Der Heimzug der Weißstörche folgt der gleichen Route wie der Wegzug. Die alten Brutstörche haben es nun aber recht eilig. Sie streben zielgerichtet dem Nistort zu. Die Jungstörche bummeln dagegen ausgiebig in der Gegend umher. Da sie frühestens im zweiten, gewöhnlich aber erst im dritten oder gar vierten Lebensjahr an die Gründung einer eigenen Familie denken, können sie

Unten: In gemeinsamer Arbeit wird die Kinderstube ausgebessert.
(Foto: Pott)

53

auch sehr viel Zeit lassen. So mancher Einjährige erreicht seinen Geburtsort überhaupt nicht, sondern bleibt unterwegs in bereiteten Nestern sitzen.

Die verschiedenen Zugwege, das Umherschweifen der Jungstörche und die gelegentliche Brut von Weißstörchen im Winterquartier werfen die Frage auf, woher die Störche überhaupt wissen, daß sie fortziehen müssen, und wie sie die genauen Zugrouten mit den dabei einzuhaltenden Richtungen finden.

Zugrichtung: angeboren oder angelernt?

Der Zugtrieb ist den Störchen, wie wohl allen Zugvögeln, angeboren. Um festzustellen, ob es auch schon von Geburt an West- oder Oststörche gibt, also ob auch die Zugrichtung angeboren ist, wurden von der ehemaligen Vogelwarte Rossitten in Ostpreußen verschiedene Versuche durchgeführt. Ungefähr zweihundert Jungstörche wurden vorzeitig aus dem Nest genommen, künstlich aufgezogen und erst dann auf die große Reise entlassen, als die freien Artgenossen schon alle abgezogen waren. Die nur zwölf Rückmeldungen dieser Störche lassen vermuten, daß wohl die Flugrichtung, aber nicht die genaue Wegführung ›einprogrammiert‹ ist: Einige Funde kamen aus Griechenland und wenige sogar aus Oberitalien.

Das nächste große Experiment mit über siebenhundert Jungstörchen, die von Ostpreußen in den Bereich der Weststörche gebracht wurden, ergab nicht das erhoffte Resultat. Die Störche waren über mehrere Orte verteilt von freiwilligen Storchenpflegern versorgt und so in völliger Freiheit großgezogen worden. Die etwa hundert Wiederfunde bewiesen, daß fast alle diese Störche den Weg über Frankreich und Spanien eingeschlagen hatten. Da sie ungehindert mit den ansässigen Störchen Kontakt aufnehmen konnten, ist weitgehend sicher, daß sie sich diesen Artgenossen einfach angeschlossen haben.

Auch der letzte Versuch, bei dem man die im Ruhrgebiet aufgewachsenen Oststörche erst freiließ, als ihre Westverwandten schon fort waren, zeigte, daß die ererbte Richtung nach Südosten wieder eingeschlagen wurde. Diese Jungstörche zogen nicht über Frankreich nach Südwesten, sondern wurden zuletzt in Oberitalien gesehen.

Aus diesen Versuchen läßt sich zusammenfassend feststellen, daß die Störche wohl von Geburt an wissen, in welche Himmelsrichtung sie fliegen müssen. Die genaue Wegführung mit ihren Engpässen und Wendemarken erlernen sie aber in Gesellschaft schon erfahrener Altvögel.

Sicher ist es keineswegs, daß unser Storchenpaar mit seinen vier Jungen im nächsten und in folgenden Jahren wieder in das Dorf am Dümmer zurückkehrt. Die Gefahren nehmen in der Bruthei-

Rechts: Wenn die Jungen größer sind, bemühen sie sich, ihr Nest rein zu halten. Diesem Jungen gelingt das noch nicht ganz.
(Foto: Kretzschmar/Lehmenkühler)

Unten: Die Jungstörche können offensichtlich nicht abwarten, bis das Futter für sie herausgewürgt ist.
(Foto: Stelzer)

mat sowie auf der Wanderung und im Winterquartier ständig zu.

Zunächst wurde für den Weißstorch durch Rodung und Landbau der nötige Lebensraum geschaffen. Er suchte den Anschluß an den Ackerbau und Viehzucht treibenden Menschen. Dort fand er die Nahrungsgründe, die er bei seiner Jagdweise braucht. Er ist ja ein Suchjäger, der den niedrigen Pflanzenwuchs von Wiesen und Feldern mit stelzendem Schritt durchstreift und dabei alles für ihn Eßbare aufschnappt.

Störche genießen bei uns von alters her besonderen Schutz. In Sagen und Märchen spielen sie stets eine positive Rolle. Wo sie horsten, ruht auf Haus und Hof ein geheimnisvoller Segen. Auch in den mohammedanischen Ländern genießt der Storch als ›Mekkapilger‹ eine besondere Verehrung.

So sollte es den Störchen eigentlich gut gehen. Leider ist aber das Gegenteil der Fall. Bei uns sind der industrielle Landbau mit Entwässerung und Flurbereinigung sowie chemische Unkraut- und Schädlingsbekämpfung wie eine alles gleichmachende Walze über die Landschaft hinweggegangen. Das hat zu einer rigorosen Verarmung der Pflanzen- und Tierwelt geführt. Die Störche finden hier einfach nicht mehr genug Nahrung.

In dem Flugplan der Störche ist auch nicht vorgesehen, daß der von jeher freie Luftraum immer mehr verdrahtet wird. Die überwiegende Mehrheit der bei uns registrierten Todesfälle von Störchen ist auf Anflüge an Überlandleitungen und auf Stromschläge zurückzuführen.

Inzwischen haben sich auch die Gegenden gründlich verändert, die bisher noch auf dem Zuge und als Winterherberge für reichliche Verpflegung sorgten. Auch die große Dürre, etwa in der Steppenregion Westafrikas, ist sicher nicht ohne Einfluß auf die Storchenbestände geblieben. Schließlich hat die weite Verbreitung von Schußwaffen zu einer verstärkten Verfolgung der Störche geführt. All dies zusammen und vielleicht noch weitere bisher nicht erkannte Gefährdungen haben zu dem am Anfang beschriebenen, starken Rückgang der Storchenbesiedlung geführt.

Die größte Gefahr für den Weißstorch, wie für alles Leben, bleibt die chemische und mechanische Umweltzerstörung. Das große Sterben, das nun im Wald erstmals für alle drastisch sichtbar wird, hat schon längst das ganze Land erfaßt. Das Verschwinden des alten Hausgenossen des Menschen, des Weißstorches, ist nur ein weiteres, deutlich mahnendes Zeichen.

Oben: Alle vier Störche sind groß geworden und stehen flugbereit im Nest.
(Foto: Aßfalg)
Links: Im Libanon rasten die Störche auf ihrer weiten Reise gen Süden.
(Foto: Dittrich)

Blick vom Nonnenstein
nach Rödinghausen
(Foto: Schmelzenbach)

Wiehengebirge: Treffpunkt für Pflanzen aus Ost und West
VOM BÄRLAUCH ZUR BROMBEERE

Man sieht es dem flachen Höhenzug nicht an, daß er für Pflanzen aus dem kalten und trockenen Osten eine Grenze nach Westen ist und umgekehrt für westliche, an feuchtwarmes Klima gewöhnte Arten, wie die Stechpalme ebenso eine Barriere nach Osten zu darstellt. Nur die Brombeeren kümmern sich wenig um die Scheide. Sie sind im Wiehengebirge mit mehr als 30 Arten vertreten.

Unten: Rankender Lerchensporn besiedelt nur Wälder und Gebüsche im Nordwesten der Bundesrepublik. Der bis zu einem Meter hohe Stengel hat doppelt gefiederte Blätter, die in Wickelranken enden. Er blüht von Juni bis September.
(Foto: Bellmann)

Rechts unten: Hain-Gilbweiderich liebt feuchte Laubmischwälder.
(Foto: Wothe)

Historisch steht das Wiehengebirge seit Hermann dem Cherusker und der Varusschlacht im Schatten des Teutoburger Waldes. Aber das Wiehengebirge stellt etwas dar, und das verdankt es, neben der eigenen Schönheit und Vielfalt, einem längst verstorbenen Gelehrten. Nicht jenem freilich, der zu viel früheren Zeiten in das damals noch winzige Bünde gekommen sein soll, um Gegend und Umgegend zu studieren. Dem habe, sagt man, sein einheimischer Führer die dunklen Waldhänge im Norden gewiesen und gesagt: ›Kuck mal, wie 'n Gebirge!‹ Der Herr Magister habe diese Insider-Information eilig notiert, und so sei das Wiehengebirge zu seinem Namen gekommen.

Diesen Namen macht das durch nichts belegte, nichtsnutzige Geschichtchen wenigstens noch dem südlichsten Süddeutschen unvergeßlich. Im übrigen mag es aus dem nachbarlichen Teutoburger Wald stammen, dessen höchste Erhebung die des Wiehengebirges immerhin um 150 Meter übertrifft.

Tatsächlich hat das Wiehengebirge sich seinen guten und bekannten Namen selbst zuzuschreiben, als Kreuzpunkt großer Vegetationsgebiete und als Standort von Pflanzen verschiedenster Herkunft, bekannt geworden durch die Brombeeren des Dr. Weihe. Der Bärlauch, der auf dem fruchtbaren Löß des Nordhanges den Waldboden mit glänzend grünem Laub und weißen Sternkugeln schmückt, erreicht hier schon die Nordwestgrenze seines Vorkommens. Aber nicht etwa mit Müh' und Not, sondern massenhaft und im Vollbesitz seines unglaublichen Knoblauchduftes. Wer in Lübbecke am Wald wohnt, kann Ende Mai kaum die Fenster öffnen, denn was da den verblühenden Pflanzen entströmt, kann man keinem Bären anlasten, allenfalls seiner ungelüfteten Winterschlafhöhle!

Ins Tiefland des Nordwestens geht der Bärlauch auch nicht mehr. Von dort kommt in umgekehrter Richtung eine kleine Pflanze, die den hübschen Volksnamen ›Waldeinsamkeit‹ trägt. Offiziell ist das der Hain-Gilbweiderich. Der wächst handhoch, mit fünfzähligen, gelben Blütchen auf fadendünnen Stielchen an den feuchten Wegrändern im Wald. Klein und zart, ganz anders als die derben Weideriche der Wassergräben und Teichränder, hat er sich an das Leben am Waldboden angepaßt.

Atlantische Feuchte erlaubt aber auch den umgekehrten Weg: aus dem schützenden Wald zumindest an seinen Rand. Unsere orchideenhaft schönen Lerchensporne, beide kontinental und beide Frühlingsblüher im Wald, haben im Rankenden Lerchensporn einen atlantischen Vetter, der bis ins Wiehengebirge hinein Waldränder und Gebüsche bewohnt. Er hat auf die schweren Blütenrispen verzichtet und sich dafür Stengel mit kleinen weißen Blüten zugelegt. Die erscheinen erst im Spätsommer, denn den Schatten der Baumkronen braucht der Rankende Lerchensporn nicht zu fürchten. Seine Blätter enden in Wickelranken, mit denen er sich an Brombeeren oder anderen niedrigen Sträuchern hochzieht. Eine solche einjährige, fast durchsichtig zarte Pflanze kann nur im atlantischen Klima leben. Rankender Lerchensporn ist auf den Britischen Inseln und im Emsland zu Hause. Im Nordwesten des Wiehengebirges wächst er noch häufig. Im Regenschatten des Südhanges findet man ihn schon nicht mehr.

Nicht halb so leicht ist das Vorkommen zweier verschiedener Lungenkräuter zu erklären: In Süddeutschland und auch in den Gärten von Minden oder Bünde wächst eines mit silberweißen Blattflecken, das Echte Lungenkraut. Im Wiehengebirgswald steht das Dunkle Lungenkraut mit gleichmäßig grünem Laub. Von Osten kommend, erreicht es hier seine Westgrenze.

Untersuchungen an den Blättern des Echten Lungenkrauts haben ergeben, daß die hellen Flecke

Wärmestrahlung abweisen und Wasser im Blatt festhalten. Man weiß, daß diese südlichere Art etwas trockeneren Boden besiedelt und mehr Sonne verträgt. Da scheinen ein paar Blattflecke zu genügen, um einen anderen Lebensraum zu erschließen. Dieses für uns zufällig sichtbare Merkmal zeigt, welch geringe Unterschiede zu einer Standortentscheidung führen können.

Die beiden Milzkräuter zeigen das noch einmal, allerdings weniger kontrollierbar. Gegenblättriges und Wechselblättriges Milzkraut treffen sich im Wiehengebirge, das eine aus Westen, das andere aus nördlich-kontinentaler Richtung kommend. Die Namen Schwefel- und Goldmilzkraut wären hübscher, aber zum Bestimmen sind diese Merkmale nicht eindeutig genug.

An der Wahl des Lebensraumes können Blütenfarben und Blattstellung kaum schuld sein, andererseits gibt es keine Eigenschaften ohne Ursache. Die westlichere, gegenblättrige Art ist die ursprünglichere von beiden. Sie bildet am Waldboden dichte Rasen mit liegenden und kriechenden Stengeln, aus deren Stengelknoten mal Wurzeln oder mal Blattpaare wachsen können. Nur das letzte, fingerlange Stück, das den Blütenstand in die Höhe hebt, ist immer beblättert. Das ganze Pflänzchen ist nicht sehr robust, und es hat außer dem atlantischen milden Klima auch wasserdurchrieselten Silikatboden nötig.

Das Wechselblättrige Milzkraut, ein fortschrittlicheres ›Modell‹, hat seine Laubblätter am Boden zu einer Rosette zusammengefügt. Aus ihr erhebt sich spannenlang ein Blütenstiel mit kleineren Blättern, der nach der Fruchtreife abstirbt. Die Blattrosetten halten die Einzelpflanzen auf Distanz: Ein Rasen der wechselblättrigen Art ist lockerer als der der gegenblättrigen. Im Schutz und Schatten der Blattrosette verbreiten sich unterirdische Ausläufer, die in den Knospen für das nächste Jahr enden. Dieser ›modernere‹ Milzkrauttyp ist für ein kontinentaleres Klima ganz offensichtlich

Unten: Das Dunkle Lungenkraut ist im Norden verbreitet, während es im Süden selten ist. Ihm fehlen die weißen Flecken auf den Grundblättern, die das Echte Lungenkraut kennzeichnen.
(Foto: Bellmann)

59

Bittersüßer Nachtschatten

Der kletternde Halbstrauch ist häufig an feuchten und schattigen Stellen zu finden. Er liebt Hecken und Gebüsche. Seine von Juni bis August erscheinenden Blüten erinnern durchaus an die der Kartoffel und der Tomate, mit denen er auch eng verwandt ist: Er gehört mit ihnen zu den Nachtschattengewächsen. Wie die meisten aus dieser Familie enthält auch der Bittersüße Nachtschatten giftige Alkaloide.
(Foto: Dagner)

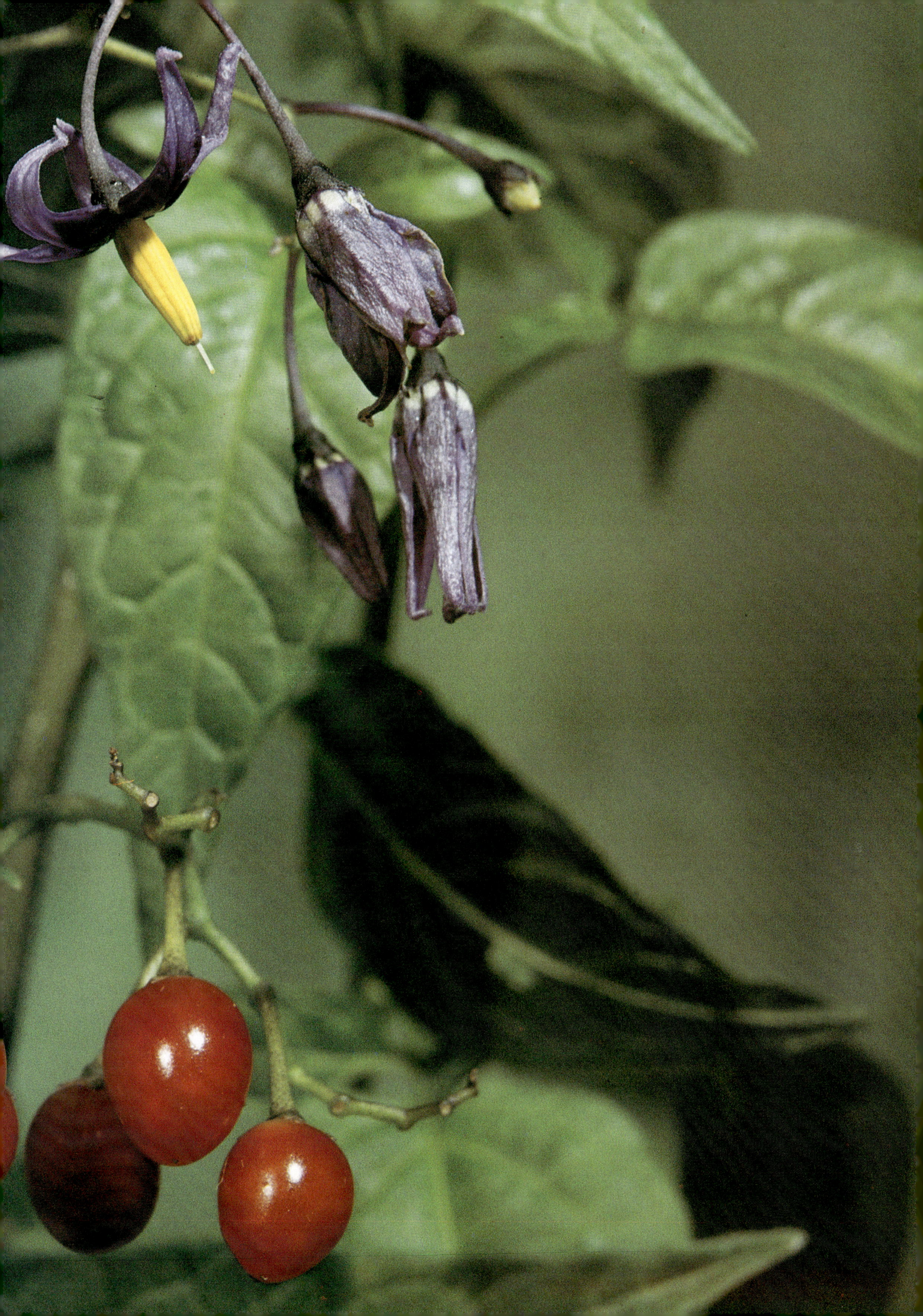

besser geeignet. Er kommt mit einem nur feuchten Boden aus, schert sich nicht um Kalk und geht bis 2500 Meter hoch in die Berge hinauf. Die beiden Milzkräuter treffen sich im Wiehengebirge meist in den kühlen, feuchten Sieken, den tief eingefrästen Bachtälern.

In der Nachbarschaft des Wechselblättrigen Milzkrauts findet sich als dritter Vorfrühlingsblüher ein Zuwanderer von Osten, das Moschuskraut, die Adoxa. Ganz allein vertritt die bestenfalls handhohe Pflanze weltweit eine ganze Familie, ist also beispielsweise allen Glockenblumenarten oder allen Gräsern der Erde gleichberechtigt. Mit entsprechenden Starallüren liebt sie an ihren Standorten die Kombination von Wasser und Kalk. Schon das norddeutsche Tiefland ist ihr zu atlantisch. Ostwärts aber geht das kleine zarte Kraut bis zum siebzigsten Breitengrad, und der streift immerhin Nordnorwegen und Rußlands Eismeerküste.

Der Blütenduft erinnert aber keineswegs an schweres russisches Moschusparfüm. Moschuskraut will Fliegen an seine kugeligen grünen Blütenköpfchen locken, und entsprechend unfein riecht es auch. Nur dem Laub soll, solange es nicht mit den Blüten konkurrieren muß, ein leichter Moschusduft anhaften.

Rechts: Das Wechselblättrige Milzkraut erreicht kaum 15 Zentimeter Höhe und blüht schon im zeitigen Frühjahr.
(Foto: Diedrich)

Bemerkenswert
Konkurrenz

Konkurrenz belebt das Geschäft. Das mag bei Menschen häufig zutreffen, bei Pflanzen ist es die erste und wichtigste Lebensregel. Ihre ganze bunte Vielfalt, von der alles Leben auf der Erde abhängt, könnte nicht bestehen, wenn nicht jede Art ihre ganz bestimmten Fähigkeiten erworben hätte, die ihren Standort gegen Konkurrenten sichern. Bei einer Pflanze heißt es nie, ›Ich brauche das alles, um leben zu können‹, sondern immer: ›Ich kann mit den Verhältnissen hier besser fertig werden als alle anderen.‹ Kleine Unterschiede ermöglichen der einen Art zu überleben, während die andere keine Chance mehr hat. Manches wird bis heute vor Ort ›ausgefochten‹, für unsereins erst dann merkbar, wenn die eine oder andere Art verschwunden ist und die anpassungsfähigere ihr Terrain erobert.

Geht nicht weiter nach Osten: die frostempfindliche Stechpalme

Diese kleine, frostharte und kalkfreundliche Adoxa trifft im Wiehengebirge die frostempfindliche Stechpalme. Gemeinsam haben sie nur ihre Einzigartigkeit, denn die Stechpalme hat zwar eine zahlreiche tropische Verwandtschaft, aber bei uns vertritt sie ihre große Familie allein.

Im ganzen atlantischen Westen wächst sie als Unterholz in ungestörten Buchenwäldern. Das ›ungestört‹ beinhaltet freilich, daß sie nirgends mehr häufig ist. Nach Osten ist sie gerade noch bis ins Osnabrücker Land und ins Wiehengebirge gekommen. Dort bewohnt sie die Hanglagen, auf denen bessere Böden den artenreichen Hainsimsen-Buchenwald tragen. Außer der Hainsimse gehören der Efeu und das elegante Wald-Flattergras zu seinen Kennarten.

Auf den Bergkuppen ist der Boden meist schon zu ausgewaschen, um noch anspruchsvolle Arten zu tragen. Wie häufig die Stechpalme früher war, zeigt sich an den Orts- und Familiennamen, bei denen sie Pate gestanden hat. Freilich nicht mit ihrem hochdeutschen Namen, sondern als ›Hülse‹, wie sie in Norddeutschland allgemein heißt. Alle die westfälischen Hülsemanns und Hülsbergs, die Droste von Hülshoff und die Von der Hülß verdanken dem Hülsenbusch ihren Namen ebenso wie die Ortschaften Hülsen in Oldenburg, Hülsenbusch bei Gummersbach und vermutlich auch Hüllhorst im Wiehengebirge.

Stechpalmen sind wintergrün, aber nicht frosthart. Diese Eigenschaft versperrt ihnen den Weg nach Osten. Die harten Blätter mit den verschieden abgewinkelten Stacheln lassen vermuten, daß man es hier mit einer kontinentalen Pflanze der mageren Triften zu tun hat, die sich gegen Trockenheit und Gefressenwerden schützen muß.

Aber Stechpalmenblätter sind Maßarbeit für den Standort im Unterholz. Die zähe und nirgends ganz ebene Blattfläche bricht die Gewalt der Tropfen, die dick und schwer aus den Buchenkronen fallen. Unter ihrem Gewicht gibt das Blatt am elastischen Stengel nach, und das Wasser wird vom nächsten passend gerichteten Stachel bodenwärts abgetropft.

Auch die Fähigkeit, aus dem blattlosen, abgebrochenen Stumpf wieder auszutreiben, verrät den Unterholzbewohner. Kaum ein umbrechender alter Baum kann die Stechpalme so gründlich zer-

Links: An feuchten, stickstoffreichen Stellen trifft man im Frühjahr Massenbestände des Moschuskrauts. Noch ehe die Bäume Laub tragen, entfaltet es seine unscheinbaren, kubusförmig angeordneten Blütchen.
(Foto: Kretzschmar/Lehmenkühler)

schlagen, daß sie sich die neu entstandene Waldlücke nicht zunutze machen könnte. Solche Überlebenskünste, die den Stechpalmen eigentlich an die dreihundert Lebensjahre und ein Wachstum bis zu fünfzehn Meter Höhe garantieren, sind kein Schutz vor Liebhabern der bizarren Blätter und der glänzend roten Beeren. Die sind schon immer massenhaft gepflückt und auch verkauft worden. Zudem gehörten die Zweige früher in den österlichen Palmstrauß. So lebte die Stechpalme lange Zeit in katholischen Gegenden gefährlicher als in protestantischen.

Es sind eben sehr verschiedene

Oben: Bis zu zehn Meter hoch kann die Stechpalme werden. Ihre stacheligen Blätter sind immergrün und vertragen keinen Frost.
(Foto: Diedrich)

63

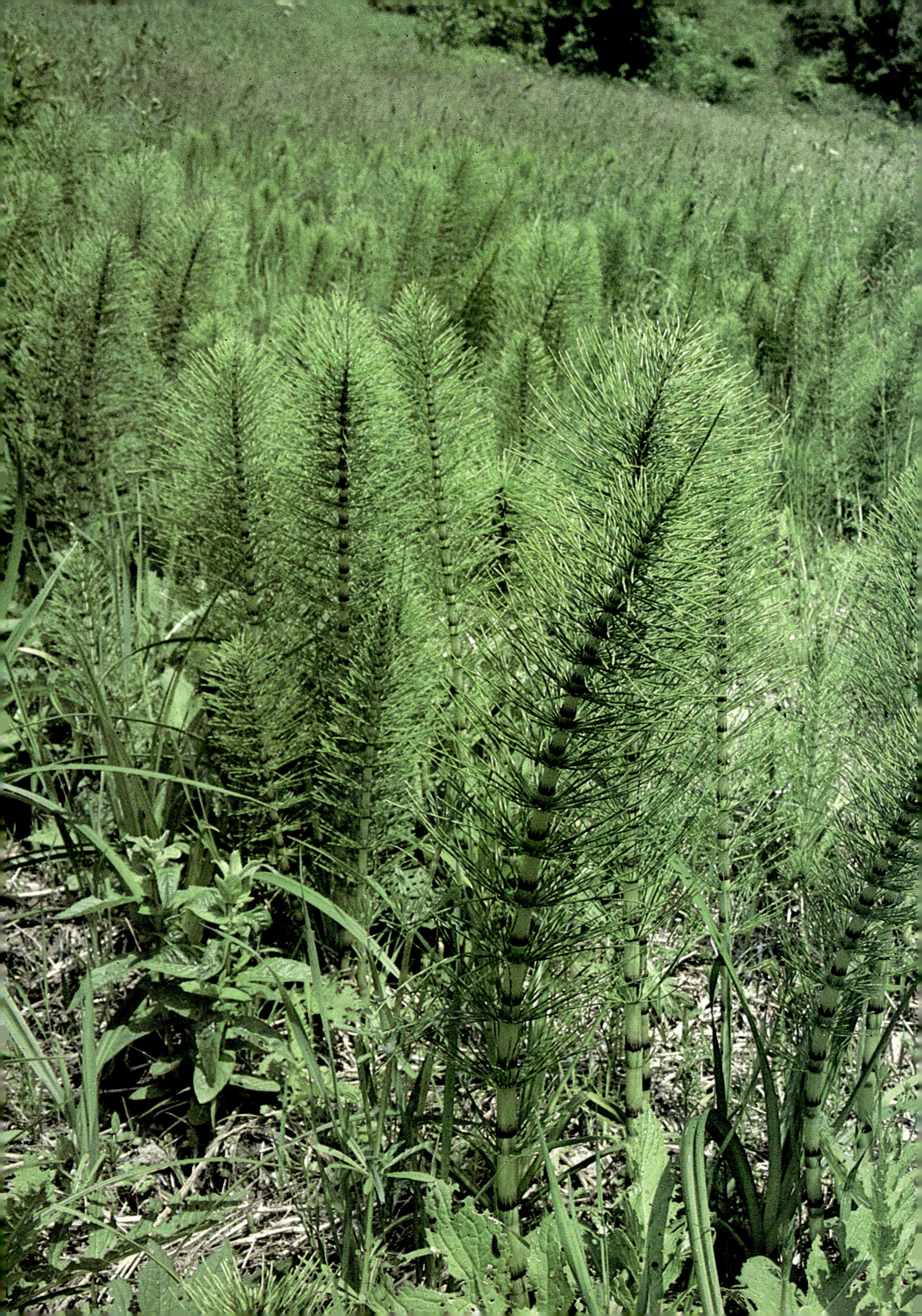

Riesen-Schachtelhalm

Ein dichter Bestand von Riesen-Schachtelhalm versetzt den Betrachter 260 Millionen Jahre zurück in die Steinkohlenwälder. Mit 150 Zentimeter Höhe ist er der stattlichste unter den heimischen Schachtelhalmen.
Auf dem Foto sind nur die sterilen Sprosse zu sehen, deren achtkantige Äste in 30 bis 40 Quirlen übereinander stehen. Die fertilen, weißlichen Halme, die an der Spitze den Sporenstand tragen, kommen im Frühjahr aus dem Boden und sind schon abgestorben.
(Foto: Schmelzenbach)

Unten: Die Nesselblättrige Glockenblume besitzt die größten Blüten unter den mitteleuropäischen Glockenblumen. In feuchten und lehmigen Wäldern kommt sie vor, doch nie in großen Beständen.
(Foto: Schmelzenbach)

Eigenschaften und Anforderungen, die eine Pflanze an den Standort stellt. Bei einer Art, die jeder von Waldwegen, feuchten Mauern und sogar schattigen Schuttplätzen zu kennen glaubt, erwartet niemand besondere Ansprüche: dem Mauerlattich. Der zierliche Verwandte des Kopfsalats ist im Südosten des Gebirges häufig, nach Nordwesten wird er immer seltener.

In der Norddeutschen Tiefebene ist der Mauerlattich kaum mehr anzutreffen. Trotzdem gehört er, schatten- und feuchtigkeitsliebend, in den atlantischen Raum. Nur mag er nicht zu mageren, ausgetrockneten Sand um die Wurzeln haben, denn als Staude muß er sich auf mehrere Jahre einrichten.

So kommt er zwar aus dem Westen, meidet aber ganze Landstriche und auch Teile des Wiehengebirges. Nur fällt das keinem auf, der Doppelgänger wegen. Das Korbblütlermodell, das der Mauerlattich vertritt, meterhoch und reich verzweigt, voll kleiner gelber Blüten, hat im Hochsommer überall Saison.

Auf verwandte Arten, wie Rainkohl, Pippau, Greis- und Habichtskräuter, haben es in der Sommerhitze an schattigen Waldrändern Schwebfliegen und Hummeln abgesehen. Die erreichen jetzt die größten Kopfzahlen des ganzen Jahres. Wer achtet da schon darauf, daß der Mauerlattich sich mit barock geschweiften Laubblättern und fast rechtwinklig sparrig verzweigten Blütenstielen von den anderen unterscheidet?

Sobald dann die ersten Samen reifen, und das beginnt schon mitten in der Blütezeit, gibt es keine Verwechslungen mehr. Dann steht der Mauerlattich voller blitzblanker Sterne. Seine Korbblütchen sind nur aus je fünf Einzelblüten zusammengesetzt. Daraus werden fünf schmale schwarze Samenkörner, die zu einer Art fünfstrahligem Stern zusammengefügt sind. Jeder Same trägt am Ende eine schimmernde Haarkrone, ähnlich, aber viel eleganter als die vom Vetter Löwenzahn.

Erfüllen viele Ansprüche: die Bachtäler

Was die Wahl des richtigen Bodens bedeutet, zeigt sich erst recht in den Sieken, die für das Wiehengebirge so typisch sind. Die steilen Talwände schützen vor Wind und Wetter. Für Wasser sorgt der Bach, für angestautes Sumpfland oft eine tieferliegende Tonschicht im Boden. Die Gesteinsschichten aber, die der Bach angeschnitten hat, bieten nun auf kleinem Raum kalkhaltigen und kalkfreien, sandig-trockenen oder schiefrig-vollgesogenen sowie mageren ausgewaschenen oder nahrhaften Boden.

Dem Riesenschachtelhalm gibt dort der Wiehengebirgskalk eine letzte Möglichkeit, sich auszubreiten, ehe ihm der norddeutsche Niederungsboden endgültig nicht mehr paßt. Waldschatten und stehendes Sumpfwasser hat er hier wie in seinen süddeutschen Kalkgebieten. Trotzdem bringt er zwischen seinen hohen grünen Wedeln nur selten die elfenbeinweißen, sporentragenden Sprosse zustande, mit denen er im Süden prangt.

Mit ganz anderen Ansprüchen, aber auch aus Süden kommt die Brunnenkresse in den Siek. Sie mag schnellaufendes, sauberes, mineral- und sauerstoffreiches Wasser, und ihre Anwesenheit ist ein Kompliment für jeden Bach. Trotz des klaren Wassers der Emslandbäche kommt die Brunnenkresse in ihnen nicht vor. Nördlich des Wiehengebirges sind ihr ähnliche Grenzen gesetzt wie dem Mauerlattich durch den Sandboden.

Zu allen Vorteilen, die die Sieke ihren Bewohnern gewähren, kommt auch noch der Schutz vor dem Menschen. Siekböden und -hänge sind für Land- und Forstwirtschaft schwer nutzbar, und gegen die wilden Müllkippen und sogenannten Freizeiteinrichtungen hilft inzwischen die Siekschutz-Verordnung. Darum versammelt sich in diesen natürlichen Senken des Wiehengebirges alles, was außerhalb zumindest sehr viel gefährdeter ist.

Orchideen sind nicht nur schön, sie sind empfindlich und zeigen daher auch für schlichtere Pflanzen die ungestörten Standorte an. An lichten Waldrändern der Sieke wachsen Hügelbewohner: Großes Zweiblatt sowie Waldvögelein und Berg-Waldhyazinthe. Aber auch die blauen Blütentürme der Nesselblättrigen Glockenblume sind da, viel auffälliger noch als die Orchideen und darum oft von Blumenpflückern arg zerrupft.

In den nassen Wiesen wachsen Knabenkräuter und der samtrote, weißlippige Sumpfstendel. Um sie herum stehen bunte Blüten von Schlüsselblumen, Anemonen und Lichtnelken sowie Helmkraut und Siebenstern angefangen, bis zu Sumpf-Schafgarbe, Blutweiderich und vielleicht dem Lungen-Enzian. Aber der ist möglicherweise, wie manches aus der Pflanzenliste des Wiehengebirges, nur noch eine Erinnerung.

Oben: Langrüsselige Hummeln und Tagfalter bestäuben die Blüten der Roten Lichtnelke. Die Einzelblüten haben entweder Staubblätter oder Stempel.
(Foto: Bünnecke)
Links: An Bächen, Gräben und Quellen gedeiht die Echte Brunnenkresse. Sie sieht dem Bitteren Schaumkraut sehr ähnlich, doch ist ihr Stengel hohl.
(Foto: Schmelzenbach)

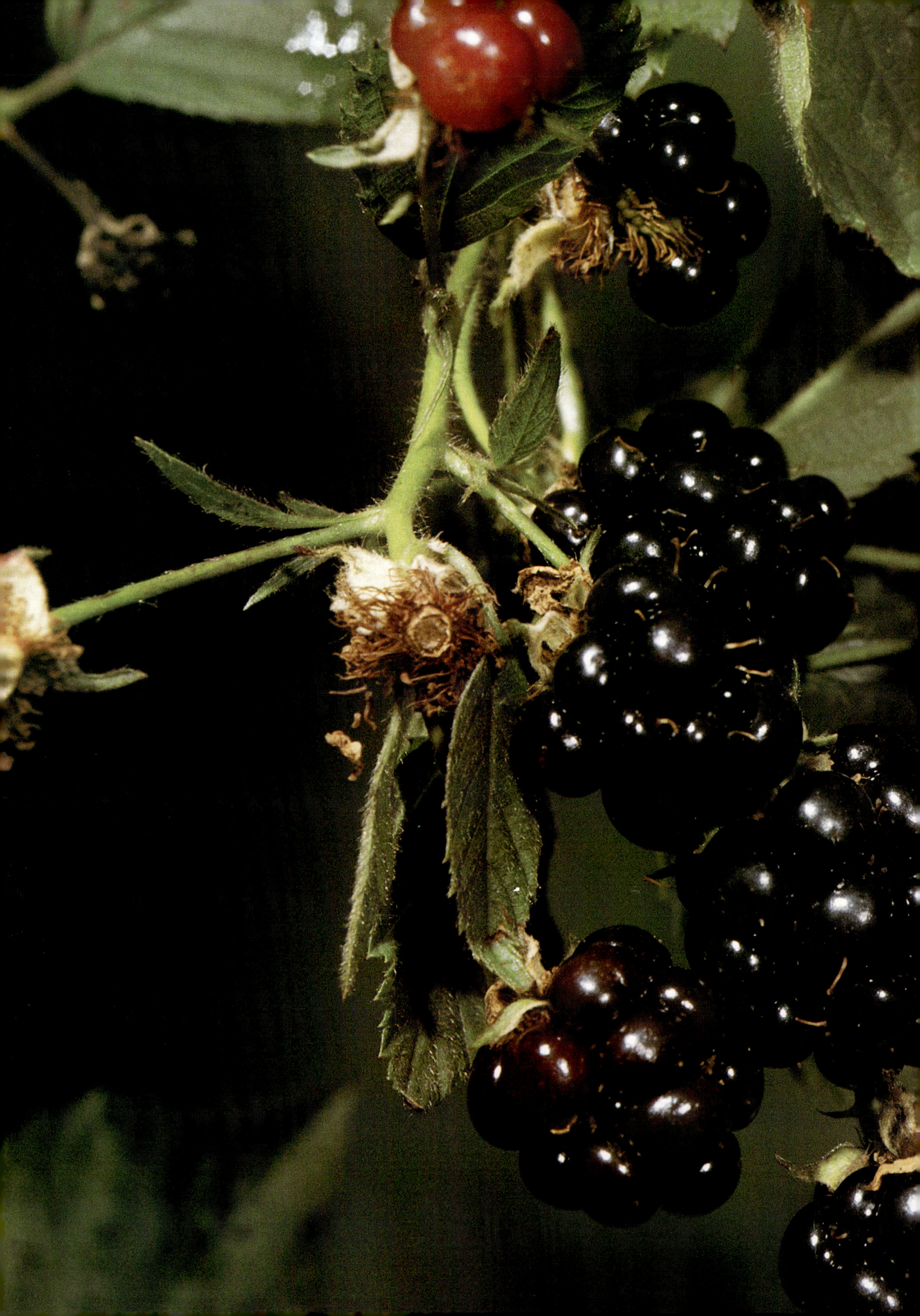

Brombeeren

Wer offenen Auges die Brombeersträucher der Gebüsche und Waldränder betrachtet, wird feststellen, daß Blüten, Blätter und Stacheln sehr unterschiedlich gestaltet sind. Was wir gemeinhin als Brombeeren pflükken, sind in Wirklichkeit Früchte verschiedener Arten und Unterarten. Sie alle auseinanderzuhalten, ist sehr schwer. Und da die Früchte aller heimischen Brombeerarten eßbar sind, braucht man sich um das Erkennen der einzelnen Arten nicht unbedingt zu kümmern.
(Foto: Dagner)

Brombeeren: verschieden behaart und haarig in der Bestimmung

Unten: Die Bekleidete Brombeere ist gut an der dichten Behaarung der Sprosse und Blattstiele sowie an den rundlichen, unterseits graufilzigen und samtig weichen Blättchen zu erkennen. Sie bevorzugt nährstoffreiche und sonnige Standorte.
(Foto: H. E. Weber)

Brombeeren sind Temperamentssache. Für den einen sind sie voller Dornen, für den anderen voller Früchte. Aber für fast jedermann sind Brombeeren eben Brombeeren, basta. Und das sind sie eben nicht.

Allein in Mitteleuropa werden, grob geschätzt, dreihundert Arten unterschieden. Der Normalverbraucher ist dieser Fülle nicht hilflos ausgeliefert, denn all die vielen Rubusarten, zu denen außer Himbeeren, Steinbeeren und Moltebeeren und eben die Brombeeren gehören, sind geordnet und in Gruppen eingeteilt. Wer es nicht mag, muß nicht bis zu den feinsten Unterschieden von Stachelform, Haarbesatz oder Kelchblattrichtung vordringen.

Die Himbeeren sind rasch zu er-

Wußten Sie...

Brombeer-Forschung

Für einen Landarzt der Goethezeit gab es auf der Fahrt zu seinen Patienten Hübscheres zu beachten als Vorfahrtsschilder und Geschwindigkeitsbegrenzungen. Dem Dr. med. K. E. A. Weihe aus Mennighüffen, nördlich Löhne (er lebte von 1779 bis 1834), fiel bei seinen Wegen über Land die große Zahl unterschiedlicher Brombeersträucher auf. Er muß dabei einen Blick gehabt haben für unwichtige Merkmale und für solche, die in der Sprache der Züchter eine ›Gute Art‹ ausmachen. Viele der Weiheschen Brombeerarten wurden bald in anderen Gegenden Deutschlands und Europas wiedergefunden. Es zeigte sich, daß die Brombeeren artenreich sind wie die nahe verwandten Rosen, nur fällt es bei ihnen weniger auf. Weihes Forschungen und seine Fachkorrespondenz weiteten sich aus. Zwischen den Jahren 1822 und 1827 veröffentlichte er zusammen mit dem Professor für Botanik in Bonn, Nees von Esenbeck, seine ›Rubi germanici‹, in der deutschen Fassung: ›Die deutschen Brombeersträuche‹. Dort sind ›seine‹ Arten beschrieben und auf Kupfertafeln dargestellt. Das war der Beginn ihrer weltweiten Erforschung.

kennen. Mit ihren unscheinbaren Blütchen und der pastellfarbenen Frucht, die sich wie ein Fingerhut vom Fruchtboden abheben läßt, und den am weichen Stengel kaum ernstzunehmenden Stachelchen sind sie einfach weniger robust als die Brombeeren. Ihre Blätter sind entlang einer Mittelrippe zusammengesetzt, die der Brombeeren kommen kastanienhaft aus einem Mittelpunkt. Den Zwei-Jahres-Rhythmus ihres Wachstums haben Him- und Brombeeren gemeinsam. Im ersten Jahr wächst ein unverzweigter Trieb, der dann im zweiten Jahr die blühenden Zweige trägt.

Außer der Himbeere gibt es die bei uns sehr seltene Zwergbrombeere der Moore, die in Norddeutschland Moltebeere heißt, sowie die fast stachellose, rotfrüchtige, auf steinigen, mineralreichen Böden wachsende Steinbeere und die blaugrünblättrige, kalkliebende Kratzbeere. Die ›richtigen‹ Brombeeren aber, eben jene rund 300 Arten, sind, nach deutlichen Unterschieden gebündelt, in acht ›Stämme‹ unterteilt.

Da sind einmal die Aufrechten Brombeeren. Sie mögen die offenere Landschaft des nördlichen Mitteleuropa, von den Britischen Inseln bis zum europäischen Rußland. Kalkböden meiden sie. An Wegen und auf Waldschlägen schicken sie blattreiche Triebe in die Höhe, die sich erst später unter dem eigenen Gewicht biegen.

Ihre Stacheln sind kräftig und etwa gleich groß, die Blätter beidseitig grün. Abgesehen von den Samen in den kleinen Früchtchen, aus denen jede Brombeere zusammengesetzt ist, verbreiten sie sich durch kurze Sprosse, die aus ihren kriechenden Wurzeln wachsen.

Waldbrombeeren, die zweite Gruppe, sind anders. Sie lieben mehr ein mildes Waldklima. Hier kämpfen sie sich mit langen, biegsamen Trieben über Waldrandgebüsche und Hecken. Starke, oft gekrümmte Stacheln und kräftige Verzweigung helfen beim Klettern. Wo der Trieb im weiten Bogen wieder die Erde berührt, verwurzelt er sich zur Tochterpflanze. Wenn spät im Jahr die kahlgewordene Nachbarschaft mehr Licht durchläßt, ist das grüne Waldbrombeerlaub noch immer aktiv.

Die Zweifarbigen Brombeeren — Gruppe Nummer drei — haben diesen Eigenschaften noch einige hinzugefügt, die an trockenen Standorten nützlich sind. Immerhin geht diese Verwandtschaft bis ans Mittelmeer. Ihre derben Blätter haben eine weiß- oder graufilzige Unterseite, die die Verdunstung hemmt und ihnen den Namen gegeben hat. Die meterlangen Triebe sind zwar bis auf die Bestachelung kahl, aber so dick, daß sie mit relativ kleiner Oberfläche, ohne auszutrocknen, weit über offene Geröllflächen kriechen können, um neuen Wurzelgrund zu suchen.

Von jetzt an wird es immer haariger! Die Filzige Brombeere, eine Besonderheit in der Verwandtschaft und ein Stamm für sich allein, trägt unter, aber oft auch auf ihren Blättern eine Schicht grauer verzweigter Sternhaare. An den südlichen Standorten verleihen sie der Pflanze Verdunstungsschutz.

Die größere Gruppe der Bekleideten Brombeeren, pelzig behaart nämlich, trägt Haarbüschel

Oben: Sind die Früchte und Stengel bläulich bereift, dann haben wir die Kratzbeere vor uns. Sie kommt an Äckern und Wegrändern vor.
(Foto: Schmelzenbach)
Links: Die Rohe Brombeere hat einen von Drüsen und Stachelhöckern rauhen Stengel. Im Wiehengebirge ist sie die häufigste Brombeerart.
(Foto: H. E. Weber)

71

Rechts: Die Faltenblättrige Brombeere ist auf kalkfreien Böden eine der häufigsten Brombeeren.
(Foto: H. E. Weber)

und Flaum an den Schößlingen und eine verfilzte Sternhaarschicht, zumindest an der Unterseite der Blätter. Damit wagt sie sich als Hügelbewohner und eifriger Gebüschkletterer aus dem Schutz des feuchten Bodens auf den wenig wasserhaltenden Kalk mancher ihrer Standorte.

Die nächsten — und letzten — drei Stämme haben, neben anderen Unterscheidungsmerkmalen, immer mehr Hartes auf der grünen oder rotbraunen ›Haut‹. In den Raspel- oder Rauhen Brombeeren sind die Schößlinge kantig, oft gefurcht. Auf ihren Oberflächen sitzen flache, harte Stachelhöcker wie hornige kleine Buckelschilde, aber dazwischen stehen noch Stacheln genug, die den Zunamen ›raspelig‹ und ›rauh‹ als ziemliche Untertreibung erscheinen lassen.

Dann aber kommen die sogenannten Hystrices. Der Name läßt sich nur im Hinblick auf die Tierwelt übersetzen, weil es die Mehrzahl von Hystrix ist, und so heißt zoologisch das Stachelschwein. Nur, dies ziemlich gleichförmig bestachelte Tier ist regelrecht glatt gegen die mit verschiedenen großen, dolch- bis nadelförmigen Stacheln sowie mit Drüsen und einfachen Borsten besetzten Brombeeren.

Alle diese durchweg rosa blühenden pflanzlichen Stachelschweine lieben mäßige Feuchtigkeit sowohl der schattigen Waldränder als auch des atlantischen Windes. Sie gehen nicht über das westliche Europa hinaus.

Drüsenhaare kommen bei allen haartragenden Formen vor. In der letzten Gruppe jedoch, den Drüsigen Brombeeren, überwiegen sie. Zwischen großen und kleinen Stacheln stehen dann dicht an dicht feine, fast durchsichtige Haare, gelb oder rot, die in einem glänzenden Drüsenköpfchen enden. Bis hinauf in die schmalen Blütenstände zieht sich der millimeterhohe Pelz. Sie sind Pflanzen des Hügellandes und der Mittelgebirge, von England und Frankreich bis nach Schlesien und den Westkarpaten.

Für jeden, der nicht Brombeerspezialist ist, scheinen diese acht Stämme mit den größtmöglichen Unterschieden schon einigermaßen entmutigend. Auch und erst recht, wenn er Botaniker ist, denn dann ahnt er, welche Menge an Bastarden und örtlichen Sonderformen bei der Gattung Rubus möglich ist.

Um so bewundernswerter ist die Leistung des Doktor Weihe, des ›Brombeervaters‹, der volle fünfzig Jahre vor dem ›Tiervater‹ Brehm geboren wurde. Bei vielen Brombeerarten steht er bis heute als Autor, meist unwidersprochen.

Vitaminreich und magenfreundlich: Blätter und Früchte der Brombeere

Freilich hat sich ein Arzt, der in jener Zeit über Land fuhr, immer wieder in der Freilandabteilung seiner damals noch sehr kräuterreichen Hausapotheke umschauen müssen. Darin waren die Brombeeren so etwas wie ein Standardartikel. Noch heute werden ihre Blätter wegen der magenfreundlichen Gerbstoffe ebenso wie ihre vitaminreichen Früchte, gern verwendet. Damals fehlte die chemische Konkurrenz. Und es fehlten auch die Krankenkassen, die teurere Medizin bezahlten.

Dreihundert Jahre vor Weihe schrieb Hieronymus Bock in seinem Buch ›Von der Kräutter Krafft und Würckung‹ über die Brombeere: ›Sie macht die wakkelhafften Zän widerumb steiff.‹ Jene ›Wackelhafftigkeit‹ war sicherlich vom Skorbut, also durch Vitaminmangel, verursacht. Und weiter: ›Die Lehrer halten dafür, daß der brombeeren laub/junge schößlein und frucht einer zusamen ziehenden und drukkenen krafft seyen. Werden innerlich alle hitzige flüß zu stopffen und zu erküllen, auch für alle gifftige Schlangen- und Scorpionstich ausserhalb und inn den leib, fruchtbarlich erwehlet.‹

Freilich hat es zu seiner Zeit noch unendlich viel mehr Wildpflanzen gegeben. Als Weihes Buchbeginn schon fünfzig Jahre zurücklag, hat Dr. Banning, ein Gymnasiallehrer zu Minden, die beschriebenen Brombeerarten größtenteils noch an Ort und Stelle gefunden. Inzwischen haben Generationen von Botanikern ihre heimischen Brombeerarten mit den Standards aus dem Wiehengebirge verglichen und nach ihnen bestimmt. Nur mußten sie sich immer öfter mit getrockneten Vergleichsstücken begnügen, weil sie im Wiehengebirge selbst nicht mehr zu finden waren.

Jetzt, reichlich hundert Jahre nach Banning, haben sich Botaniker der Universität Osnabrück um das Schicksal der Weiheschen Brombeeren gekümmert und einen Bericht darüber veröffentlicht. Mit nach Nummern geordneten Standorten und im Telegrammstil liest sich das so:

1. Heute gebüschfreie Ackerfläche.
2. Standort auf zirka ein Prozent verkleinert.

Links: Die Früchte der Aufrechten Brombeere sind bei der Reife schwarzrot und erinnern im Geschmack sehr an Himbeeren. Sie wächst auf kalkfreien, etwas feuchten Böden.
(Foto: H. E. Weber)

3. Standort noch heute brombeerreich.
4. Standort heute Straße im Ortskern.
5. Standort durch Überdüngung der Nachbarflächen stark gestört.

Und so geht es weiter. Da kommt nahezu alles zusammen, was einer Brombeere heutzutage passieren kann.
Nun bedeutet ein erloschener Standort noch nicht gleich Ausrottung einer Art. Trotzdem müßte man die Brombeerarten gerade hier besonders hüten, wo so viele ihrer Wege zusammentreffen und wo fast zweihundert Jahre lang getreulich Buch geführt wurde über ihre Entwicklung und Verteilung.

Oben: Die Rhombenblättrige Brombeere hat rötlich gefärbte Blüten und Stacheln. Die Blättchen verschmälern sich an der Basis.
(Foto: H. E. Weber)

73

Saurierfährten
bei Barkhausen
(Foto: Schmelzenbach)

Fossile Indizien: DEN SAURIERN AUF DER SPUR

65 Fußabdrücke, die von mächtigen friedfertigen, elefantenfüßigen Sauropoden sowie von räuberisch lebenden, nur auf kräftigen Hinterbeinen laufenden Megalosauriern stammen, befinden sich auf einer 22 Meter breiten Gesteinsplatte im Wiehengebirge. Der Phantasie der Besucher über den Ausgang der Begegnung sind keine Grenzen gesetzt, doch der Wissenschaftler muß sich streng an die Fakten halten. Und dabei geht es wesentlich nüchterner zu.

Barkhausen ist eine kleine Ortschaft am nördlichen Rande des Wiehengebirges, heute zur Gemeinde Bad Essen gehörend, etwa 20 Kilometer östlich von Osnabrück. Geht man vom ›Saurierwirt‹ Wilhelm Spieker etwa 600 Meter nach Süden in Richtung Melle, an der Hunte entlang, so trifft man auf einen langgestreckten Parkplatz und ein nach rechts weisendes Richtungsschild ›Saurierfährten‹. Ihm folgend, überquert man die Hunte und ist nach wenigen Schritten in einem ehemaligen Steinbruch, der jetzt zu einem eindrucksvollen geologischen Freilichtmuseum geworden ist: Rechts liegt ein schwer erklimmbarer bewaldeteter Steilhang, links eine mit etwa 60 Grad zum Beschauer hin (nach Nordosten) einfallende, fünf bis sechs Meter hohe Gesteinswand. Sie steht auf einer Länge von 22 Meter frei. Zwischen dem Waldhang und der Gesteinswand stehen zwei Sitzbänke und einige farbige Tafeln, die zum genauen Betrachten einladen. Die linke Gesteinswand ist übersät mit Fußspuren: Große Tiere mit Elefantenfüßen scheinen die Wand hinauf- und hinabgelaufen zu sein.

Eine Klasse 12- bis 14jähriger Schülerinnen und Schüler kommt heran: Wie die Flut an der Nordsee, die ersten still, fast unbemerkt, dann ein stürmisches Drängen; schließlich ertrinkt, wer nicht rechtzeitig entwichen ist, im Lärmen und Toben der Schar. Auf dem Höhepunkt der Flut ist wieder Ruhe, es folgen Fragen an den Lehrer. Als erste eben diese: ›Wie sind die da raufgekommen?‹

Was dem Geologen tägliches Brot ist, daß zunächst horizontal abgelagerte Gesteinsschichten sich verfestigen und unter Umständen aufgerichtet, verstellt, werden, ruft am konkreten Beispiel zunächst Erstaunen hervor. Wie die eigentlichen Ursachen auch sein mögen, ob lokale Krusten-Aufbiegungen, Zerrungen oder weiträumige Verfaltungen: Die Tatsache von Schicht-Verstellungen läßt sich immer wieder beobachten. Das Wiehengebirge ist ein gutes Beispiel dafür.

Es zieht sich als schmaler Strang in etwa westlicher Richtung von der Porta Westfalica bis nördlich von Osnabrück hin. Wenig südlich verläuft parallel eine Aufwölbungszone, die sogenannte Pyrmont-Piesberger Achse. Sie wird im Gelände unter anderem durch den Oldendorfer Berg nördlich von Melle angedeutet.

Nördlich von dieser Hebungsachse fallen die Schichten nach Norden, südlich davon nach Süden ein. Bestehen sie aus wenig widerstandsfähigem Material, wie zum Beispiel den Tonen und Mergeln des Unteren Jura (Lias), so werden sie im Laufe der Zeit abgetragen und bilden schließlich Senken. Die härteren Gesteine, wie die Kalke und Sandsteine des mittleren und vor allem des oberen Jura, leisteten der Abtragung mehr Widerstand, blieben als Schichtstufe stehen und bildeten Höhenzüge wie das Wiehengebirge.

In ihm fallen die Schichten ziemlich gleichmäßig mit 50 bis 60

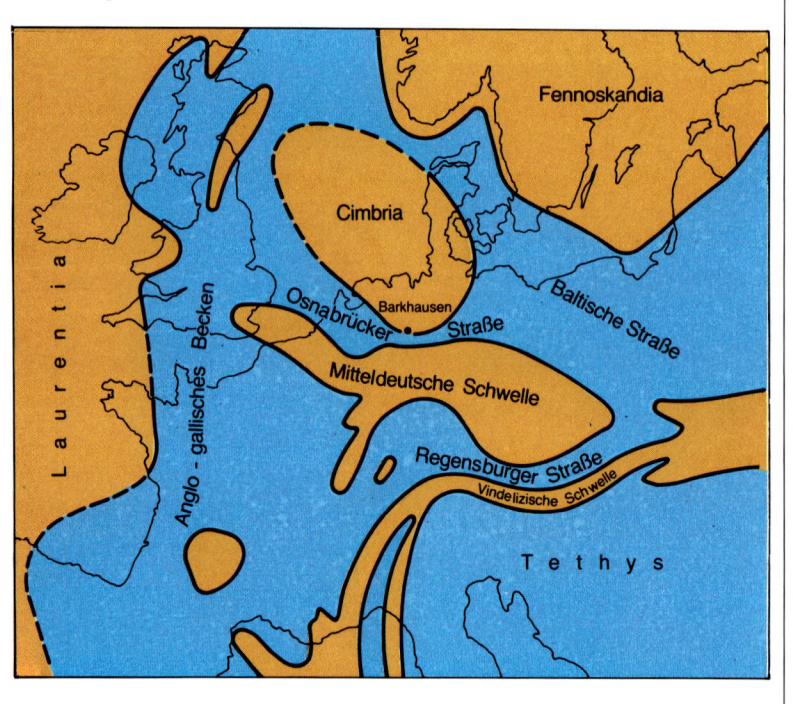

Rechts: Die Karte zeigt die Verteilung von Wasser und Land zur Zeit der Entstehung der Saurierspuren. Mitteleuropa war größtenteils vom Meer bedeckt. Barkhausen lag am Südrand des flachen cimbrischen Landes und damit am Nordufer der ›Osnabrücker Straße‹. Den Nordatlantik gab es noch nicht.
(Karte nach R. Brinkmann: Lewandowski)

Wußten Sie ...
Verteilung zwischen Land und Meer zur Zeit der Dinosaurier

Mancher wird sich wundern, daß aus Nordamerika gerade landbewohnende Dinosaurier in großer Fülle und Vollständigkeit bekannt geworden sind, während aus Europa nur wenig landbewohnende, dafür aber reichlich marine Saurier beschrieben werden. Ein Blick auf die Landkarte von damals erklärt das: Ein Europa im heutigen Sinne existierte gar nicht. Im Oberen Jura gab es im europäischen Raum zwischen der großen Insel Skandinavien im Norden und dem afrikanischen Kontinent im Süden ein knappes Dutzend größerer Inseln, deren eine Mitteldeutsche Schwelle (auch wohl, zu Unrecht, Mitteldeutsches Festland) genannt wird. Dieser Archipel war dem großen Kontinent Nordamerika vorgelagert.

Daß ein solche Inselwelt für die Entwicklung großer Land-Dinosaurier wenig geeignet ist, liegt auf der Hand, denn diese brauchen weite Räume zu optimaler Entfaltung, und solche bot die durch das ganze Erdmittelalter mehr oder weniger zusammenhängende Landmasse Nordamerika.

Für Meeres-Saurier waren die ausgedehnten Flachmeere und langen Küstenstrecken im europäischen Raum gerade besonders günstig.

Grad Neigung in nördlicher Richtung ein. Aufwölbung und Schicht-Verstellungen erfolgten in der Zeit der Oberen Kreide, vor etwa 70 bis 80 Millionen Jahren. Die Verursacher der Fährten sind also damals, im oberen Jura, nicht irgendwie hinaufgestiegen, sondern auf ebener Erde gegangen. Ihre Trittspuren blieben gut 50 Millionen Jahre lang horizontal liegen, und erst dann wurden sie innerhalb — geologisch gesehen — kurzer Zeit steilgestellt und blieben so ungefähr 70 bis 80 Millionen Jahre lang, bis zum heutigen Tag.

Die beim Aufstieg zum Steinbruch überquerte Hunte entstand als Folge der Aufrichtung des Gebirges, sie ist also größenordnungsmäßig halb so alt wie die hier freiliegenden Fährten.

Die etwa 50 Zentimeter mächtige Fährtenplatte selbst besteht aus grünlichem bis blaugrauem, sehr feinkörnigem, kieseligem Sandstein. Die Oberfläche erscheint wulstig. An einigen Stellen kann man Andeutungen von Rippelmarken und Trockenrissen erkennen. Gleich nach der Entdeckung der Fährten konnte man noch feinzerriebene Pflanzenreste sehen, die als Blatteile, Knospen und Zapfenschuppen von Palmfarnen sowie Bennettiteen oder Ginkgobäumen angesprochen wurden. Inzwischen sind solche Feinheiten nicht mehr erkennbar.

Seit der Entdeckung der Platte im Jahre 1921 müht man sich mit allen technischen Mitteln um ihre Erhaltung. Der Sandstein wirkt sehr hart und fest, man möchte meinen, er würde unbegrenzt haltbar sein. Doch zeigten sich schon nach wenigen Jahren feine Risse, in denen Algen und Samen höherer Pflanzen, ja selbst Bäume Halt und Lebensmöglichkeit fanden.

Ein Schutzdach half nicht entscheidend. Dabei schützt die nordöstliche Ausrichtung der Wand vor direkter Sonneneinstrahlung — sehr zum Kummer der Fotografen —, was besonders günstig für die Erhaltung ist; denn starke Erwärmung und anschließende Abkühlung fördern die Bildung von Rissen und führen schließlich zur Zerbröselung des Gesteins. Zwar treten auch jetzt Risse und Spalten auf, sie lassen sich aber durch regelmäßige Behandlung der Oberfläche einigermaßen unter Kontrolle halten.

Eine andere Gefahr drohte von der Rückseite her: Die Fährtenplatte wird von rotem und grünem Bröckelton unterlagert, den man schon am Eingang des Bruches beobachten kann. Der Bröckelton neigt, wie der Name sagt, zum Zerbröckeln sowie zur Bildung von Rissen und Spalten, die begierig Wasser aufsaugen. Das führt zu Quellungen und bei Frostwetter zu Eiskissen, die die Fährtenplatte in unregelmäßiger Weise beanspruchen, von der Unterlage abdrücken und schließlich zerbrechen.

Diese Gefahr ist jetzt wohl beseitigt: Man hat 17 tiefe Löcher gebohrt und Zementmilch in sie hineingeleitet, so daß die Platte heute mit dem Bröckelton durch den fein versickerten Zement zu einem fünf Meter dicken Zementblock verbunden ist. Diese Fährtenplatte, die 150 Millionen Jahre lang unverändert unter der Erdoberfläche gelegen hat, wäre an der Oberfläche innerhalb weniger Jahrzehnte zu einem unansehnlichen Haufwerk zerbröckelt, als Folge der unauffällig, aber intensiv wirkenden Verwitterung.

Die Konservierung dieses in Europa einmaligen Naturdenkmals hat schon Hunderttausende an

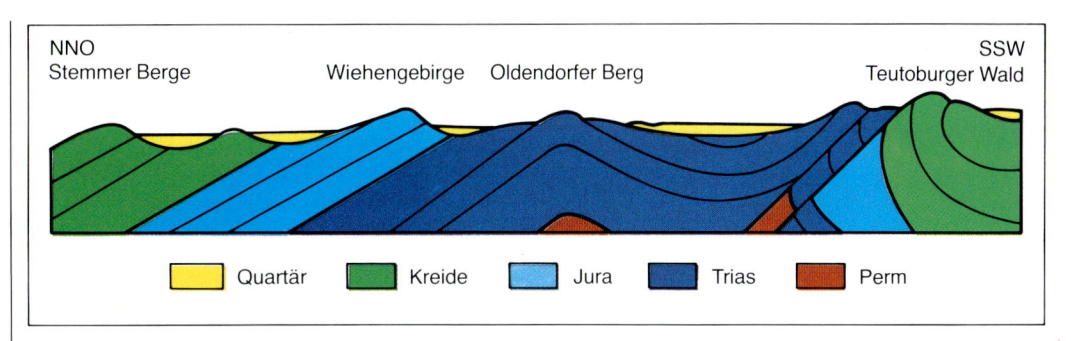

Oben: Das geologische Profil zeigt die Piesberg-Pyrmonter Hebungsachse, die über den Oldendorfer Berg läuft: Nördlich davon fallen die Schichten nach Norden ein. Im Süden hebt sich der Teutoburger Wald heraus.
(Zeichnung nach F. Hamm: Lewandowski)

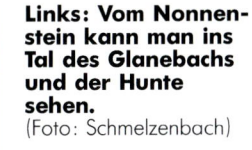

Links: Vom Nonnenstein kann man ins Tal des Glanebachs und der Hunte sehen.
(Foto: Schmelzenbach)

DM gekostet. Dank großen Einsatzes sehen die Fährten aus, als seien sie eben entstanden. Man meint, den charakteristischen Laut noch zu hören, mit dem die Füße aus dem Morast gezogen wurden. Über dessen Beschaffenheit wird noch zu sprechen sein.

Aus den Spuren kann man Gangart und die Marschrichtung ablesen

Doch jetzt zu den Fährten selbst. Auf den ersten Blick lassen sich etwa 65 Fußstapfen erkennen, die wir der besseren Verständigung halber in die fünf Gruppen: a, b, c, d, e einteilen. Zur Erleichterung der Ansprache ist jede Spur beziffert.

Als Einführung eignet sich besonders die tief eingetretene und gut erhaltene Trittsiegel-Serie ›a‹ (Nummer 1 bis 7). Sie stammt von einem vierbeinigen Tier mit Füßen wie die unserer Elefanten. Mit im Schnitt 35 Zentimeter Durchmesser des eigentlichen Eindrucks sind sie allerdings erheblich größer, auch die Schrittlänge von 150 bis 160 Zentimeter ist weiter. Die Marschrichtung wird durch die Reihenfolge der Bezifferung angedeutet: Sie geht auf den Betrachter zu, führt also nach Norden beziehungsweise Nordosten. Woher wissen wir das?

Wie von Horst Klassen, dem Leiter des Osnabrücker Naturhistorischen Museums, an Hand von Versuchen mit Elefanten im dortigen Zoo belegt wurde, schiebt der Fuß beim Hineintreten den zähen Schlamm vorn zu einem Wulst zusammen. Solche Wülste erkennt man auf der nach unten gerichteten Seite der Trittsiegel: Sie sind etwa zehn Zentimeter breit und maximal fünf Zentimeter hoch. Dies ist das einzige sichere Kriterium für die Marschrichtung.

Setzt man sie als gesichert voraus, so läßt sich die Fährte weiter deuten: Offenbar waren die vorderen Füße etwas kleiner als die hinteren, sie wurden zuerst aufgesetzt. Die Hinterfüße derselben Seite traten entweder in dieselbe Spur wie die Vorderfüße oder etwas dahinter und wenig nach einwärts versetzt. So sind beispielsweise die Trittsiegel 4 und 6 jeweils solche von Vorder- und Hinterfuß.

Weil aus der Form des Abdrucks allein — es sind keinerlei Zehen- oder Krallenspuren vorhanden — nicht erkennbar ist, welcher von den Vorderfüßen und welcher von den Hinterfüßen stammt, wäre an sich auch die entgegengesetzte Marschrichtung denkbar. Sie ist in der Literatur auch vertreten worden. Dann müßten jedoch die Hinterbeine, wie es bei schneller Fortbewegung geschehen kann, über die Vorderbeine hinaus vorgesetzt worden sein. Indessen sind die Spuren etwas nach außen aufgewölbt und lassen eher eine ruhige, watschelnde Gangart vermuten.

Etwas weiter nach links sind zwei isolierte, nur flach eingedrückte Spuren erkennbar (Nummer 8 und 9), die von einem weiteren Tier herrühren und auf festerem Boden entstanden sind.

Die Fährte ›b‹ führt mit wenig kürzeren Schritten ebenfalls nach Norden. Die Ziffer 18 läßt Vorder- und Hinterfuß erkennen, Nummer 17 ist unklar in der Deutung, hier ist Gestein herausgebrochen.

Bei der Fährtengruppe ›c‹ war der Boden weicher, die Spuren sind besonders tief eingedrückt, teilweise bis zu 15 Zentimeter. Drei Fährten lassen sich hier unterscheiden: Die Spuren 19 bis 27 gehören zu einem Tier, das ebenfalls nach Norden wanderte, aber offenbar mit etwas unsicheren Schritten. Während die Vorderbeine bei Ziffer 21 und 25 sehr tief und senkrecht einsanken, traten die Hinterbeine mehrmals zu oder rutschten etwas. Dadurch sind diese Trittsiegel langgestreckt.

Die Abdrücke 33 bis 35 bilden eine weitere Fährte ähnlicher Art. Die isolierte Spur 32 könnte dazugehören, sie liegt in der richtigen Richtung. Die Ausfüllung der Spuren-Eintiefung ist hier noch vorhanden, dadurch wirkt sie erhaben.

Von ganz anderer Art sind die vier Abdrücke 28 bis 31. Gegenüber den um 30 Zentimeter im Durchmesser betragenden elefantenfüßigen Spuren fallen sie durch ihre Größe von 60 Zentimeter auf, mehr noch aber durch ihre Gestalt: Sie lassen nämlich drei wohlausgebildete Zehen erkennen, deren mittlere die seitlichen überragt. Fährte 28 und 30 sind mehr nach rechts, 29 und 31 mehr nach links gerichtet. Es ist die Fährte eines ›schnürenden‹ dreizehigen Tieres, das sich nur auf den Hinterbeinen fortbewegt. Es hatte eine Schrittlänge von 140 bis 160 Zentimeter und ging — hier kann kein Zweifel bestehen — in südliche Richtung. Der Dreizeher-Eindruck Nummer 29 überdeckt etwas die elefantenfüßige Fährte 34, ist also etwas jünger als diese, ebenso ist der Dreizeher-Eindruck 28 jünger als die elefantenfüßige Nummer 34.

Nach früheren Deutungen sind die Trittsiegel 22 und 24 solche von Dreizehern, die später von Elefantenfüßern übertreten und teilweise zerstört wurden. Das würde voraussetzen, daß der Dreizeher breitbeinig ging und die Füße nebeneinandersetzte. Die klaren Spuren 28 bis 31, bei denen die Zehen tief, die Ballen kaum eingedrückt sind, deuten indessen auf sehr zügiges Voraneilen, und dabei ist breitbeiniges Gehen nicht vorteilhaft — ganz abgesehen von der alternierenden Ausrichtung der Abdrücke. Offensichtlich hat ein einzelner Dreizeher diese Stelle nach den Elefantenfüßern schnellen Schrittes in Gegenrichtung passiert.

Nordwärts führt die Spur der Elefantenfüßer

Noch weiter nach rechts liegt die Spurengruppe ›d‹. Sie ist wieder von nordwärts ziehenden Elefantenfüßern getreten worden. Ihre Schritte sind von unterschiedlicher Länge, die Erhaltung ist nicht so gut wie die der weiter links gelegenen. Zwei Fährten scheinen sich im Winkel von 30 Grad zu überkreuzen. Vielleicht war der Boden hier etwas fester. Im Ganzen sind diese Spuren den vorher besprochenen recht ähnlich.

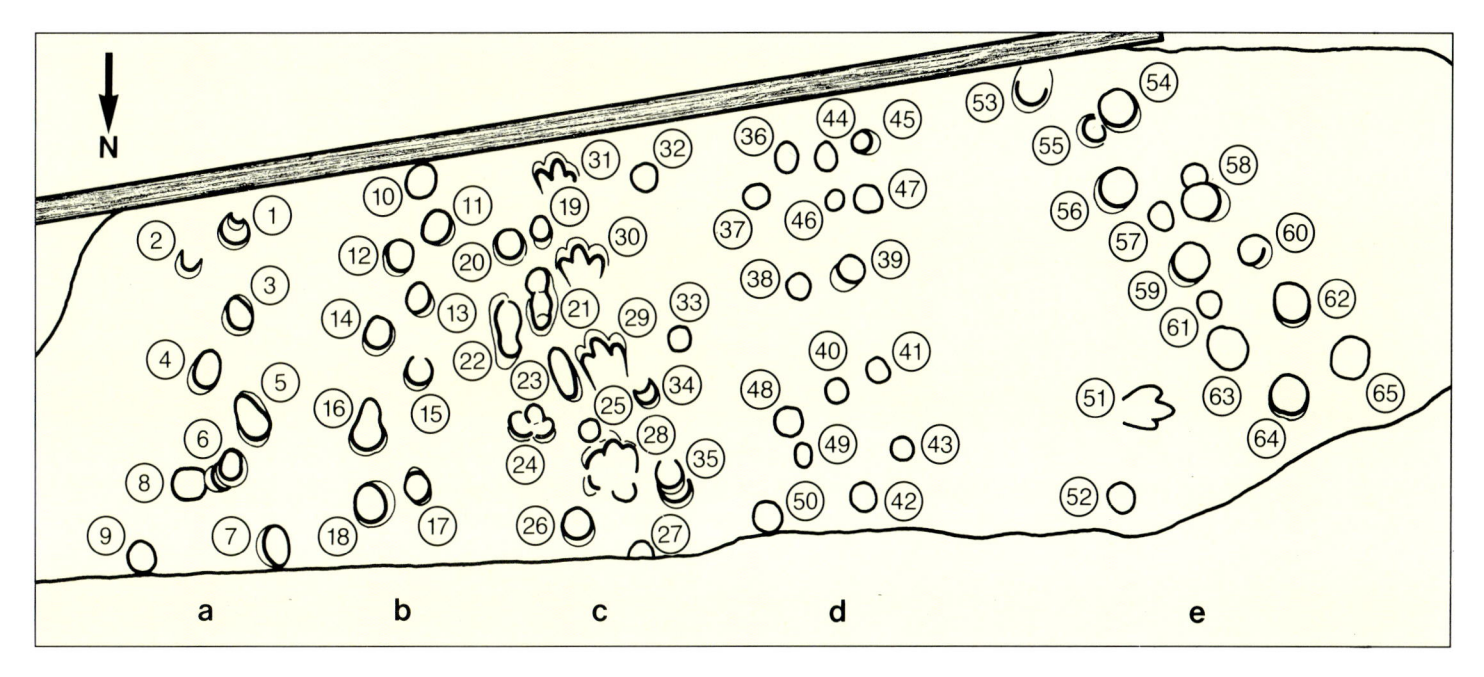

Erst seit etwa zwei Jahren ist am rechten Ende der Fährtenplatte die Trittserie ›e‹ sichtbar: In bequemer Sichthöhe liegt, etwa sieben Meter rechts von der Dreizeher-Spur 28, ein einzelner, nach Westen gerichteter Dreizeher-Eindruck. In seiner Einzelstellung macht er deutlich, daß der Boden, über den die Tiere gingen, von sehr unterschiedlicher Standfestigkeit war: stellenweise sehr tiefgründig, an anderen Stellen wieder so fest, daß er keinerlei Eindrücke aufnahm oder bewahrte.

An diesem Dreizeher vorbei zieht eine weitere elefantenfüßige Fährte mit nicht weniger als 13 deutlichen Trittsiegeln nach Norden. Sie sind anders als die bisher beschriebenen: Ihr Durchmesser liegt meist bei 40 Zentimeter, einige, wie beispielsweise die Siegel 55 und 57 und die obere der Doppelspur 58, sind erheblich kleiner, wenig mehr als halb so groß wie die großen. Auch überdecken die größeren Spuren nicht so regelmäßig die kleineren.

Dies Tier könnte im Verhältnis zu den gewaltigen Hinterbeinen erheblich kürzere und schwächere Vorderbeine gehabt haben. Seine Marschrichtung nach Norden ist durch die Wülste am Vorderrand der Spuren eindeutig erkennbar. Könnte es sich vielleicht auch um die Fährten zweier verschieden großer Tiere handeln? Wohl kaum: Die großen wie die kleinen Spuren halten gleichen seitlichen Abstand und haben die gleiche Schrittlänge. Ein viel kleineres Tier würde nicht so tiefe Eindrücke verursachen. Die Vermutung, daß ein Jungtier mit der Mutter zog, wie bei Elefanten üblich, ist bei Dinosauriern, die Eier legten und wahrscheinlich keine Brutpflege trieben, wenig wahrscheinlich.

Die Beschaffenheit des Untergrundes kann man besonders gut an den sehr tiefen Eindrücken 21 und 25 erkennen. Sie sind nicht in Tonschlamm getreten, sondern in ziemlich festen, feinkörnigen Sand.

Oben: In dieser Skizze wurden die Fußabdrücke der Fährtenplatte numeriert. Die Reihenfolge der Bezifferung erfolgt in der Richtung, in der die Tiere gezogen sind. Die schwachen Linien bezeichnen die Außenränder der Trittwülste, die starken die eigentlichen Eintiefungen. Die Buchstaben a, b, c, d, e unterteilen die Abdrücke in Gruppen, wie sie auch im Text zusammengefaßt wurden.
(Skizze nach U. Lehmann: Lewandowski)

Links: Die etwa 22 Meter breite Fährtenplatte zeigt je nach Bodenbeschaffenheit tiefe Fußeindrücke. Die ›Elefantenfüßer‹ gingen von Norden nach Süden die Wand herunter, während die Dreizeher — in der Mitte der Platte — in Gegenrichtung, nämlich aufwärts, liefen. Die Gesteinsschicht wurde lange nach Entstehung der Fährten durch gebirgsbildende Vorgänge aus ihrer ursprünglich horizontalen Lage aufrecht gestellt.
(Foto: U. Lehmann)

Unten: Hier ist die tief eingetretene Fährte des Dreizehers aus der Mitte der Fährtenplatte zu sehen.
(Foto: Hinz)

Rechts: 1. Reihe der Platten: Fußspur in Sand (links) und in Ton (rechts). **2. Reihe:** Die Abdrücke links durch Ton und rechts durch Sand eingedeckt. **3. Reihe:** Nach Freilegung zerbröckelt das tonige Gestein, die Fährte bleibt im festen Sandstein erhalten: Links als ›Positiv‹ eingetieft, rechts als ›Negativ‹ erhaben auf der Unterseite des Sandsteins. **4. Reihe:** Heutiger Zustand der Fährten. Rechts ist die Platte umgedreht, die eigentliche Unterseite liegt oben.
(Zeichnung nach U. Lehmann: Zabanski)

Wie Spuren und Fährten entstehen, hat wohl jeder schon selbst gesehen oder ausprobiert. Aber wie können sie sich mit feinsten Einzelheiten über Jahrmillionen erhalten? Meist werden sie doch rasch ›vom Wind verweht‹. Entscheidend ist, daß sie bald nach der Entstehung zugedeckt werden, möglichst durch andersartiges Material: in Schlamm getretene Spuren durch Flug- oder Schwemmsand, in Sand getretene durch Ton. Anschließend muß eine weitere Überdeckung und Verfestigung erfolgen.

Das sind Vorgänge, die auf dem festen Lande selten möglich sind, wohl aber im Grenzbereich zwischen Wasser und Land, der oft langfristige Absenkungen erfährt. Dabei wird das ganze Paket ›versteinert‹, als Folge zunehmenden Druckes und zirkulierender Lösungen. Nach späterer Heraushebung zeigt sich beim Abbau in einem Steinbruch zum Beispiel, daß aus dem Sand ein fester, verwitterungsbeständiger Sandstein geworden ist, aus dem Ton ein Tonstein, der leicht wieder zerfällt. Der Sandstein wird dann die Spur bewahren, während der Tonstein rasch zerfällt.

Wurde die Spur in den Sand getreten, wie in Barkhausen, so erscheint sie in der ursprünglichen Gestalt, als ›Positiv‹ nämlich, eingetieft in die Oberfläche des Sandsteins. Wurde sie aber in Ton getreten, wie zum Beispiel die ebenfalls berühmten Iguanodon-Fährten der benachbarten Bükkeberge, so erscheint sie erhaben als ›Negativ‹ auf der Unterseite des Sandsteins.

Wurden die Spuren dagegen mit demselben Material zugedeckt, in das sie getreten worden waren, Ton über Ton oder Sand über Sand, so entstehen gleichförmige Gesteinspakete, in denen die Spuren unkenntlich bleiben. Doch schon geringmächtige Zwischenlagen, wie beispielsweise dünne Tonschichten, können als Trennungsmittel und -fuge die Spuren erkennbar machen. Daher findet man fossile Fährten vorzugsweise da, wo Unterschiede im Gesteinscharakter auf einen Wechsel in den Ablagerungsbedingungen hinweisen.

Pflanzenfressende und räuberische Saurier lebten in dem Gebiet

Von welchen Tieren stammen die Spuren? Knochenreste haben sie hier nicht hinterlassen, so sind die Spuren selbst die einzigen Indizien. Elefanten gab es im Oberen Jura noch nicht, die Säugetiere hatten etwa die Größe und das Aussehen heutiger Spitzmäuse. Nur unter den Reptilien gab es Formen von so gewaltiger Größe, daß sie Urheber der Fährten sein könnten: die Dinosaurier.

Unter dieser populären Bezeichnung faßt man zwei Ordnungen meist großer, teilweise riesiger Reptilien des Erdmittelalters zusammen: die Saurischier und die Ornithischier, die zusammen mit den Crocodiliern sowie Flugsauriern und den urtümlichen Thecodontiern die Unterklasse der Archosaurier bilden.

Die ersten Archosaurier waren die formenreichen Thecodontier, zu denen unter anderem auch relativ kleine, vorzugsweise auf den Hinterbeinen (biped) laufende, räuberisch lebende Tiere gehörten. Von ihnen erbten die späteren Archosaurier die Tendenz zur Zweifüßigkeit (Bipedie), die sogar bei den heutigen Krokodilen noch erkennbar ist.

Beide Ordnungen der Dinosaurier hatten eine Tendenz zum Riesenwuchs und zur Bipedie. Sie unterscheiden sich vor allem im Bau des Beckens. Dies erinnert bei den Ornithischiern an das der Vögel — daher der Name —, deren Vorfahren unter ihnen zu suchen sind. Zu den Ornithischiern gehört beispielsweise das im Wealden von Bückeburg durch Fährten reich dokumentierte Iguanodon.

Dagegen besitzen die Saurischier ein normales Becken. In unserem Zusammenhang sind besonders die Saurischier-Unterordnungen Sauropoda und Theropoda von Interesse.

Zu den Sauropoden gehören die größten Saurier. Sie lebten im Jura und in der Kreide. Sauropoden sind auf vier Beinen sich bewegende Pflanzenfresser mit kleinem Kopf und langem bis sehr langem Hals und langem Schwanz.

Man vermutet, daß ihr riesiges Gewicht, das nach Schätzungen fünfzig Tonnen erreicht haben soll, sie sekundär wieder zum vierfüßigen Gang gezwungen hat. Als Erinnerung an ihre Abstammung von bipeden Vorfahren blieben bei den meisten von ihnen die Vorderbeine kürzer und weniger massig. Zu den Sauropoden gehören Diplodocus und Apatosaurus, der auch Brontosaurus genannt wird, sowie der riesige Brachiosaurus.

Demgegenüber behielten die Theropoden die von ihren Ahnen überkommene Bipedie bei. Ihre größten Vertreter im Jura und in der Kreide waren die riesigen Fleischfresser, wie Megalosaurus und Tyrannosaurus.

Die Beine der Sauropoden waren denen der Elefanten ähnlich: säulenförmig, mit fünf kurzen, von einem Sohlenpolster gestützten Zehen. Die mittleren trugen stumpfe hufartige Klauen. Bei den Theropoden wurden die Vorderbeine im Laufe der stammesgeschichtlichen Entwicklung mehr und mehr rückgebildet. Sie wurden für die Fortbewegung schließlich nicht mehr gebraucht. Die Hinterbeine entwickelten sich zu kräftigen Laufbeinen mit drei Zehen und starken Krallen.

Damit ergeben sich erste Bestimmungsmöglichkeiten für die Barkhausener Fährten: Die elefantenfüßigen Gruppen ›a‹ bis ›d‹ stammen von Sauropoden, die dreizehigen von Theropoden. Für diese Sauropoden gilt weiterhin, daß die Vorderfüße kleinere Abdrücke hinterließen als die hinteren. Die Vorderfuß-Eindrücke waren nahezu kreisrund, die Hinterfuß-Fährten oval. Ihre Durchmesser betrugen ungefähr 30 Zentimeter. Die Vorderbeine wurden senkrecht gestellt, sie waren kürzer und etwas schwächer als die Hinterbeine.

Aus dem Oberen Jura Europas kennt man mehr oder weniger vollständige Reste des Sauropoden Cetiosaurus, der etwas hochbeiniger, aber kleiner war als der amerikanische Diplodocus. Er könnte die Barkhausener Spuren getreten haben. In Ostafrika gab es den Dicraeosaurus, der mit etwa 13 Meter Länge wohl ein wenig größer als Cetiosaurus war. Sauropoden-Fährten gar gibt es aus dem Oberen Jura Europas überhaupt nicht. So ist eine gattungsmäßige Bestimmung dieses Sauropoden nicht möglich.

In solchen Fällen ist es üblich, dem betreffenden Fossil (auch Spuren und Fährten sind Fossilien) einen eigenen Namen zu geben. Kaever und Lapparent nannten den Elefantenfüßer im Jahr 1974 ›Elephantopoides barkhausensis‹, Elephantenfüßer aus Barkhausen. Dieser Name bezieht sich auf den damals einzig bekannten Sauropoden von Barkhausen, während der offenbar größere der ganz rechts gelegenen Fährte noch nicht genau untersucht und verglichen worden ist.

Merkwürdigerweise ist unter den vielen Sauropoden-Rekonstruktionen in der Literatur keine zu finden, bei der Vorder- und Hinterfuß in dieselbe Spur treten, wie es bei der kleineren Barkhausener Form der Fall ist, bei der größeren aber offenbar nicht. Letztere könnte daher eher dem bekannten Typ von Diplodocus oder Apatosaurus ähneln, während Elephantopoides einen kürzeren Rumpf und relativ längere Beine gehabt haben muß.

Unten: Der Stammbaum der Reptilien zeigt, daß sie während des ganzen Erdmittelalters für eine Dauer von etwa 160 Millionen Jahren unumstrittene Herrscher der Erde waren. In rascher Folge brachten sie eine Fülle von Boden-, Luft- und Wasserbewohnern hervor. Im Laufe der Kreidezeit nahm ihre Mannigfaltigkeit allmählich ab: Eine Gruppe nach der anderen starb aus. Nach Scheffel ›kamen sie zu tief in die Kreide‹. (Zeichnung nach H. Klassen: Lewandowski)

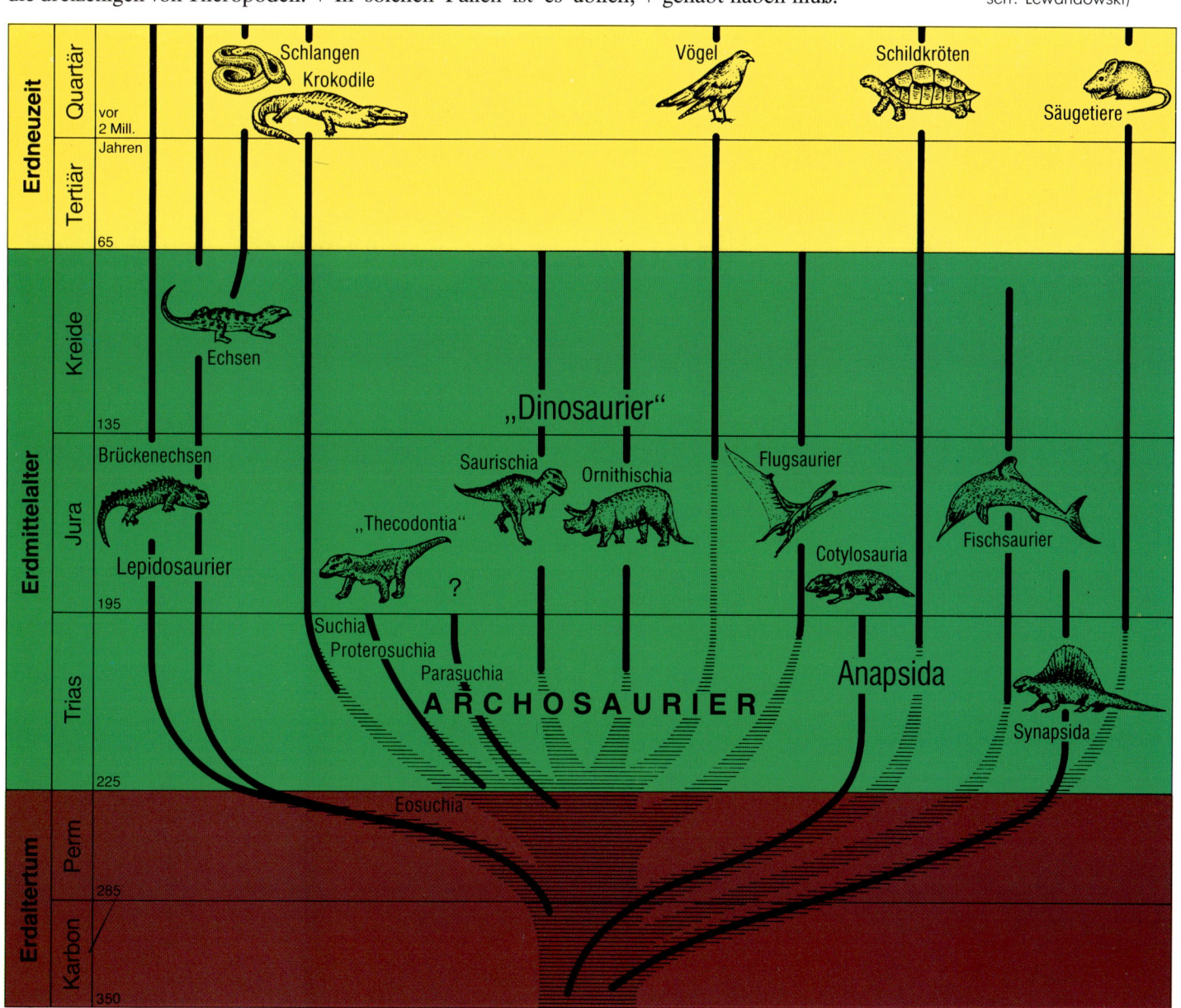

Rechts: So etwa könnte es in Barkhausen im Oberen Jura ausgesehen haben, als die Fährten entstanden. Vorn links ist der dreizehige Raubsaurier Megalosauropus teutonicus abgebildet. Von rechts kommen ihm mehrere Exemplare des Saurischiers Elephantopoides barkhausensis entgegen. Sie stapften am Südufer des cimbrischen Landes entlang. An Pflanzen waren schon Nadelbäume, Palmfarne und Ginkgobäume vorhanden. Die großen Bärlappbäume und Riesenschachtelhalme waren bereits ausgestorben. Da von den Barkhausener Sauriern nur Fußabdrücke vorhanden sind, mußten ihre Gestalten in Anlehnung an besser bekannte Zeitgenossen gezeichnet werden.
(Zeichnung: Zabanski)

Im Jahr 1981 hat A. Hendricks eine etwas jüngere, in der Unterkreide (Wealden) eines stillgelegten Steinbruchs in Münchehagen bei Rehburg-Loccum entdeckte riesige Sauropoden-Fährte bekannt gemacht. Er schrieb sie dem Apatosaurus zu. Die Trittsiegel der Vorderfüße dieses Riesen sind 40 Zentimeter, die der Hinterfüße 60 bis 70 Zentimeter im Durchmesser.

Der Steckbrief unseres Dreizehers lautet etwa: drei Zehen, die mittlere etwas länger als die beiden seitlichen. Durchmesser des Fußabdrucks 60 Zentimeter, Schrittlänge 1,40 bis 1,60 Meter; nur auf den Hinterbeinen gehend, ›schnürender‹ Gang; Kralleneindrücke nicht bekannt.

Diese Beschreibung trifft auf eine Familie großer Raub-Dinosaurier zu, die Megalosaurier, deren Vertreter im Jura und in der unteren Kreidezeit in Europa einzelne Reste, meist Zähne, hinterlassen haben. So fand man zum Beispiel in den ›Ahrensburger Geschieben‹ bei Hamburg einen unvollständigen Rückenwirbel eines Megalosauriden.

Megalosaurus selbst, die bekannteste Gattung, erreichte etwa acht Meter. Die charakteristischen etwas gekrümmten, dolchförmigen Zähne mit feingesägten Kanten waren ungefähr sechs Zentimeter lang. Die Vorderbeine von Megalosaurus waren kurz und mit kräftigen Krallen bewehrt. Zur Fortbewegung eigneten sie sich nicht. Kann man den Barkhausener Dreizeher mit einiger Sicherheit dieser Familie zuordnen, so verhindert das Fehlen von Knochenresten die genauere Bestimmung. So war auch hier ein neuer Name fällig: Kaever und Lapparent nannten ihn Megalosauropus teutonicus, den teutonischen Riesen-Saurierfüßer.

Mindestens sieben Exemplare des Elephantopoides bewegten sich in nördlicher Richtung, vermutlich etwa zur selben Zeit. So kann man sie wohl für eine Herde halten.

Ein weiterer Sauropode ging in dieselbe Richtung, und ein einzelner Raubsaurier kam ihm entgegen. Schließlich marschierte noch ein Saurier senkrecht dazu. Darf man hier vielleicht einen Wildwechsel oder eine Furt vermuten? Dafür könnte sprechen, daß frühere Autoren weitere Spuren in wenig höher gelegenen, inzwischen abgetragenen Schichten erwähnten.

Der Phantasie sei hier freie Bahn gelassen. Die Begegnung zwischen den friedlichen Sauropoden und dem Raubsaurier hat ja, wenn überhaupt, bereits kurz vorher und weiter im Norden stattgefunden.

Ihr Lebensraum waren der Strand und das flache Wasser mit Sandbänken. Auf dem Lande herrschte relativ üppiger Pflanzenwuchs von Nadelhölzern sowie Palmfarnen und Ginkgobäumen mit Schachtelhalmen und Farnen als Unterholz. Blütenpflanzen und Gräser gab es ebensowenig wie blütenbestäubende Insekten. Vogelstimmen waren nicht zu hören.

Zwar wurden im unwesentlich jüngeren Solnhofen die ersten Vögel fossil, aber die Beherrscher des Luftraums waren Flugsaurier, denen man keine melodischen Stimmen zutraut. Das küstennahe Meer war die Domäne der Plesiosaurier, auch der Krokodile, das tiefere Wasser die der Ichthyosaurier. Die Säugetiere waren maus- bis rattengroß und vermutlich weitgehend nächtlich lebende Formen, deren Nachfahren erst an die 120 Millionen Jahre später im Gefolge einer weltweit wirkenden Katastrophe ›an die Macht kamen‹.

Diese Katastrophe war möglicherweise das ›Iridium-Ereignis‹. Iridium ist ein in der Erdkruste seltenes, in Meteoriten vergleichsweise häufigeres Platin-Metall. Im wenige Zentimeter mächtigen ›Grenzton‹ zwischen Kreide- und Tertiärschichten fand man Iridium in dreißigfach erhöhter Konzentration. Dieses könnte durch den Niedergang eines riesigen Asteroiden oder eines Kometen verursacht worden sein. Es ließ sich zeigen, daß die Temperatur des Meerwassers im Gefolge dieses Ereignisses kurzfristig um acht Grad gesunken ist; anschließend stieg der Kohlendioxidgehalt erheblich, vielleicht als Folge einer nachhaltigen Schädigung des Pflanzenwuchses — eines ungeheuren Waldsterbens.

In der Schicht über dem Grenzton sind die weiteren Folgen des Ereignisses erkennbar: eine radikale Verringerung des Artenbestandes beim Meeresplankton. Verschwunden sind die meisten Reptilien, alle Ammoniten und Belemniten sowie bestimmte charakteristische Muscheln, die Rudisten. Es war ein schreckliches Ereignis, das immerhin zum Untergang von etwa einem Drittel der Tier- und Pflanzenfamilien führte.

Tatsächlich aber wurde damit nur der Schlußstrich unter Prozesse gezogen, die sich schon über 20 und mehr Jahrmillionen hingezogen und zur schrittweisen Reduzierung zahlreicher Ordnungen geführt hatten. Für die Überlebenden wurden nunmehr zahlreiche Lebensräume frei: Am auffälligsten nutzten das die Säugetiere, die sich geradezu explosiv entwickelten innerhalb kürzester Zeit. Mit ihnen kam die Erd-Neuzeit.

Buchfink
(Foto: Brandl)

Vögel und ihre Gesänge
AUCH BUCHFINKEN HABEN DIALEKTE

Jeder hat wohl schon erfahren, wie schwer manchmal fremde Dialekte zu verstehen sind. Ähnlich geht es den Forschern, die sich mit Vogelstimmen beschäftigen. Denn Buchfinkenmännchen singen nicht nur verschiedene Strophen und Dialekte, sie übernehmen manchmal versehentlich beispielsweise den Ruf des Zilpzalps in ihr Repertoire. Diesen aus zwei verschiedenen ›Sprachen‹ entstandenen Gesang geben sie an ihre Nachkommen weiter. Um das genau zu analysieren, bedarf es sichtbarer Aufzeichnungen, die ein Sonagraph ermöglicht.

Wir wandern im Wiehengebirge in einem Mischbestand von Buchen und Altfichten, ein wenig nördlich der Stadt Osnabrück. Es ist Frühsommer und Brutzeit für die Vögel. Dort, wo sich der Bestand öffnet und nahe einer Lichtung Raum für Gebüsch läßt, hören wir Vogelgesang. Der kleine, graugrüne Sänger treibt sein Wesen in den Wipfeln der Bäume. In steter Bewegung zuckt er hin und wieder mit Flügeln und Schwanz.

Er gehört zu den Vögeln, die ›ihren Namen singen‹: Schon mit wenig Phantasie kann man aus dem scheinbar eintönigen Staccato ein ›Dilm-delm‹, ein ›Zilpzalp‹ oder (wie die Engländer sagen) ein ›Chiff-chaff‹ heraushören. Der Vogel gehört zur Gruppe der Laubsänger und trägt den deutschen Namen Zilpzalp.

Wer sich schwer Vogelgesänge merken kann, beim Zilpzalp dürfte es gelingen. Der Gesang erinnert ein wenig an das Hinzählen von Münzen auf harter Tischplatte. Hier liegt auch die Wurzel des wissenschaftlichen Artnamens ›collybita‹, was übersetzt Geldzähler heißt.

Die kurzen Gesangselemente reiht er zu Strophen variabler Dauer. Beim oberflächlichen Hinhören meinen wir wirklich zwei ganz unterschiedliche Silben zu erkennen: ›Zilp-zalp-zilp-zalp...‹ Die Aufzeichnung der akustischen Signale mit Hilfe eines Schallschreibers (= Sonagraph) aber belehrt uns eines Besseren: Da gibt es eine größere Zahl verschiedener Elementtypen, in unserem Beispiel mindestens sechs. Sie werden nicht in einem einfachen Wechsel aneinandergereiht, sondern folgen komplizierten Regeln.

Wenn man dies weiß und erneut genau zuhört, dann versteht man mehr vom Gesang des Vogels: Man nimmt neben dem ›Zilp‹ und ›Zalp‹ auch wohl ein ›Zelp‹ sowie ein ›Zlp‹ und anderes wahr. Das Sonagramm öffnet uns zuerst die Augen, dann auch die Ohren. Es lehrt uns, besser hinzuhören. Wenn wir dem Nest des Vogels zu nahe kommen, stellt er seinen Gesang ein, mit dem er das Revier gegen artgleiche Rivalen abgrenzt. Er beginnt, aufgeregte Rufe zu äußern. Sie folgen langsamer aufeinander als die Elemente des Gesangs und sind unregelmäßig wiederholte einsilbige Laute. Sie klingen wie ›hüid‹. Dieser Laut wird uns später noch besonders interessieren.

Keine 40 Meter weiter ist das Gebüsch dichter und der Wald niedriger. Hier sitzt auf der Spitze einer Birke der Fitis, der dem Zilpzalp zum Verwechseln ähnlich sieht. Man muß schon sehr genau hinschauen, um zu bemerken, daß er ein wenig länger und unterseits gelblicher ist und daß seine Beine hornfarben, die des Zilpzalps aber schwärzlich sind, ohne Zweifel ein ganz naher Verwandter.

Doch nun erreicht sein Gesang unser Ohr: eine wohlklingend flötende Kadenz von fein geschwungenen Tönen, mit leisem hohem Beginn, dann allmählich mit vollem Klang absteigend, schließlich in einigen Schnörkeln

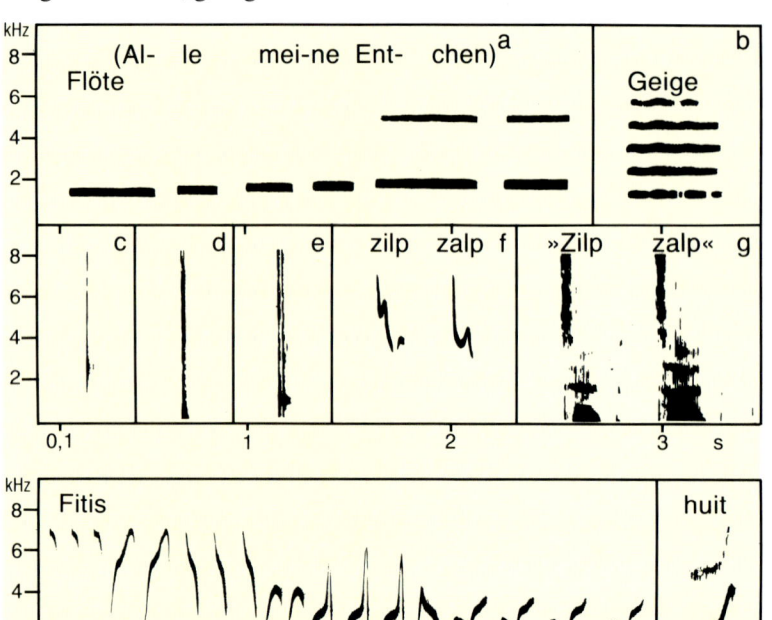

Rechts oben: In einem Sonagramm werden akustische Signale aufgeschrieben. Je höher ein Ton ist, desto weiter entfernt liegt er von der Grundlinie. Unter den Musikinstrumenten liefert die Flöte (a) reine Töne. Sie treten als Bänder parallel zur Grundlinie auf. In der Melodie ›Alle meine Entchen‹ erkennt man das allmähliche Ansteigen der Tonhöhe. Die beiden letzten Elemente haben einen Oberton, sind also nicht ganz rein. Die Geige, die den ersten Ton des Kinderliedes spielt (b), hat viele Obertöne. Ein so obertonreiches Muster nennen wir einen Klang. Als dritte Schallform kennen wir Geräusche, wie das Fingerschnippen (c), das Händeklatschen (d) und das Zungenschnalzen (e). Der Gesang des Zilpzalps (f) besteht aus stark modulierten, das heißt in ihrer Tonhöhe veränderten Tönen. Das gesprochene Wort ›Zilpzalp‹ (g) sieht ganz anders aus als die zugehörige Vogelstimme.

So sehr sich Fitis und Zilpzalp ähneln, so verschieden sind die Gesänge (untere beiden Reihen). Der Fitis singt melodiös, der Zilpzalp ein Staccato aus wenigen Elementen (numeriert). Nur die beiden Erregungsrufe ›huit‹ und ›hüid‹ lassen die nahe Verwandtschaft erkennen. (Sonagramm: H.-H. Bergmann)

Rechts: Der unscheinbare Zilpzalp gehört zur Gattung der Laubsänger. Als einer der ersten singt er im Frühjahr ›seinen Namen‹. (Foto: Cramm)

weich auslaufend. Eine richtige Melodie, gegen die das Staccato des Zilpzalps wie Stümperei anmutet.
Trotz der nahen Verwandtschaft gibt es kaum eine Ähnlichkeit zwischen den Gesängen. Dies ist eine Regel, beinahe ein Gesetz des Vogelgesangs. Nahe verwandte Arten, die nebeneinander vorkommen, singen besonders unterschiedlich. Wie sollten sonst die Weibchen ein arteigenes Männchen von dem ähnlichen artfremden unterscheiden?
Nur am Alarmruf hört man die Verwandtschaft. Der Fitis ruft ebenso flötend ansteigend wie der Zilpzalp. Doch liegt der Tonhöhenanstieg hier erst am Ende des Rufes, so daß sich ein Klang wie ›huit‹ ergibt. Im Sonagramm kann man die Unterschiede deutlich sehen, die mit dem Gehör kaum wahrnehmbar sind.
Ein paar Schritte weiter schallt erneut ein ›Hüid‹ durch den Hochwald. Das erinnert wieder an den Zilpzalp. Doch wird der Ruf noch monotoner gereiht als bei dem Laubsänger. Auch läßt sich eine besondere Erregung gar nicht spüren. ›Hüid... hüid... hüid...‹, so geht es fort und fort. Der Rufer sitzt in mittlerer Höhe auf einem Buchenast, ohne sich zu rühren. Das Fernglas zeigt: Es ist kein Laubsänger, sondern ein männlicher Buchfink.
Seinen Ruf nennt man landläufig den Regenruf, obwohl der Vogel damit keineswegs zum lebenden Barometer oder zum Wetter-

Wußten Sie...
Sonagraph

Vögel singen für unser Gehör meist viel zu schnell. Überdies sind ihre Signale wie jeder Schall im Nu verklungen. Sie werden für uns Menschen besser analysierbar, wenn wir sie sichtbar machen. Dies leistet der Sonagraph, was übersetzt Schallschreiber heißt.
In der Wissenschaft hat das Gerät mehr und mehr Eingang gefunden, weil man schwarz auf weiß eine Tonfolge darstellen kann, die sich mit Worten nur schwer beschreiben läßt. Unsere Kenntnisse über das Erlernen von Gesängen und Dialekten sowie die Stammesgeschichte der Vogellaute beruhen wesentlich auf sonagraphischen Analysen.
Eine Tonbandaufnahme wird von einem Tonbandgerät aus auf einen ringförmigen Tonträger eingespielt und anschließend in zahlreichen schnellen Umdrehungen analysiert.

frosch wird. Regenrufe sind allein auf die Brutzeit beschränkt und nur auf die Männchen unter den Buchfinken. Jetzt schaltet unser Rufer auf den typischen Gesang um. Die erste Strophe singt er noch unvollständig: Er bricht sie vor ihrem Ende ab.
Dann aber folgt eine vollständige. Sie beginnt mit einer Phrase in hoher Tonlage, sinkt stufenweise ab und führt schließlich zu einem komplizierten Endschnörkel aus mehreren Elementen. Einen Schlag — so nennt man die Buchfinkenstrophe weger ihrer Lautstärke und Klarheit. Ganz am Ende erklingt ein kurzes Element, das sich mit ›Kit‹ oder ›Ken‹ umschreiben läßt. Es erinnert auffällig an den Erregungsruf ›Kix‹ des Buntspechts und scheint ihm wirklich nachgeahmt zu sein. Buchfinken müssen ihren Gesang von einem artgleichen Vorsänger erlernen. Sie können offenbar dabei auch Fremde imitieren.
Der übrige Endschnörkel besteht aus zwei kurzen hohen, einem tiefen etwas längeren und einem herabgezogenen, schrillen Ele-

Unten: Fitis oder Zilpzalp — das ist hier die Frage. Der Kundige unterscheidet die beiden Zwillingsarten an der Beinfarbe: Der Fitis auf unserem Bild hat hornfarbene Beine, die des Zilpzalps sind dunkel. Kann man dieses Merkmal in der Natur nicht erkennen, so hilft einem nur der unterschiedliche Gesang.
(Foto: Diedrich)

Wintergoldhähnchen

Knapp fünf Gramm bringt das Wintergoldhähnchen auf die Waage. Zusammen mit dem Sommergoldhähnchen ist es die kleinste europäische Vogelart. Das gelbe Krönchen weist den Vogel als Weibchen aus, beim Männchen ist es rotgold gefärbt. Einen so quicklebendigen Winzling während des Rufens auf den Film zu bannen, ist schon eine Meisterleistung.
(Foto: Brandl)

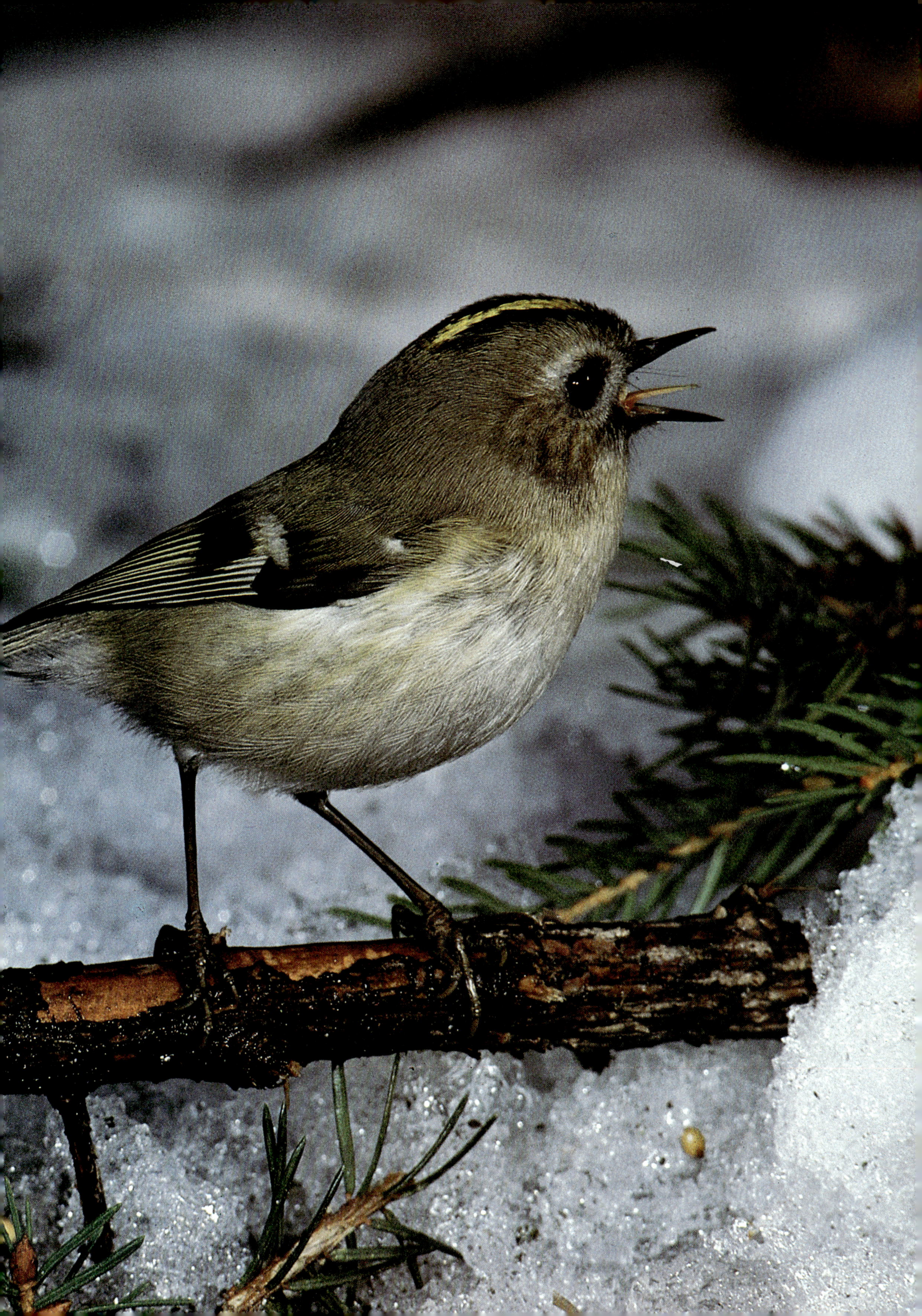

ment, das wir mit ›Zier‹ umschreiben. Das Muster klingt wie ›Kurz-kurz-lang-zier‹. Buchfinkenliebhaber, die Buchfinkenmännchen wegen ihrer Gesänge halten und schulen und, wenn möglich, sogar zur Fortpflanzung bringen, haben eigenartige Umschreibungen für diese Endschnörkel der Gesänge erfunden. In unserem Fall nennen sie den Gesang ›Reiterspazier‹.

Doch singen die allermeisten Buchfinken nicht nur einen solchen Strophentyp, sondern zwei bis sechs verschiedene im Wechsel. Da gibt es den ›Würzgebühr‹ und den ›Reitzug‹ sowie den ›Zerrweide‹ oder gar den ›Schätzchen-Weidau‹. Diese Strophentypen werden neben vielen anderen in den natürlichen Populationen vom Vater auf den Sohn und von Nachbar zu Nachbar weitergegeben. Ein Beispiel für echte Tradition im Tierreich. Die Buchfinkenliebhaber treffen sich einmal im Jahr zu einem Wettsingen ihrer Vögel. Der flotteste Sänger wird prämiert.

Buchfinken haben in jeder Region einen anderen Dialekt

Wir verlassen unseren Buchfinken und überqueren ein Stück Feldmark, um zum benachbarten Waldbestand zu gelangen. Eben haben wir von ferne noch den Gesang eines Buchfinkenmännchens gehört, jetzt herrscht Stille. Nicht einmal das uns schon bekannte ›Hüid‹ erklingt. Dafür hören wir einen völlig andersartigen Ruf. Er läßt sich mit einem weichen, unreinen ›Dschäd‹ umschreiben. Wir kämen nicht auf den Gedanken, ihn wieder einem Buchfinken zuzuschreiben, wäre da nicht dieser unverwechselbare monotone Rhythmus, die Einsilbigkeit des Rufes im festen Zeitabstand. Mit dem Fernglas stellen wir fest: Auch dies ist ein Buchfinkenmännchen. Sein Nachbar ruft gleichfalls ›Dschäd‹, drei weitere Vögel ebenso.

Wenn Menschen verschiedener Regionen eines Landes unterschiedlich sprechen, so nennen wir jede dieser Sprachen einen Dialekt. Das gleiche gilt für Buchfinkenmännchen. Wir haben unterschiedliche Rufdialekte vor uns. Neben dem ›Hüid‹ und dem ›Dschäd‹ gibt es in der Region des Wiehengebirges allein nahe Osnabrück noch weitere Dialekte des Regenrufes, wie beispielsweise ein sehr weit verbreitetes ›Rülschen‹ oder ›Wrüt‹ und ein ›Brid‹.

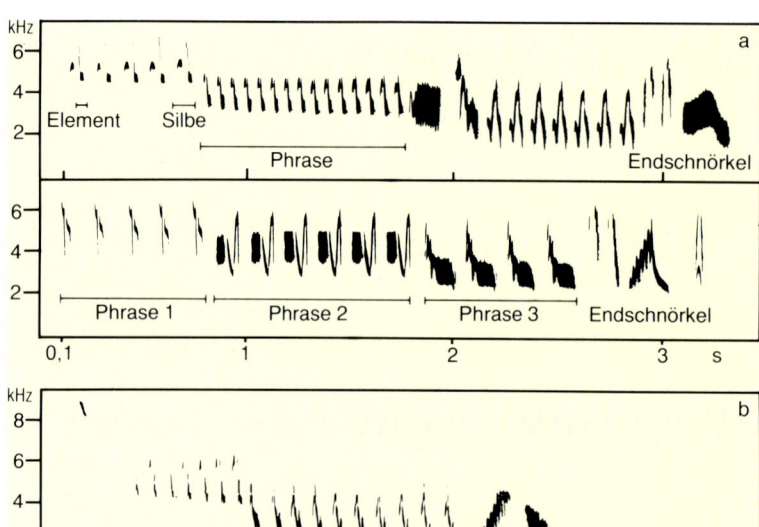

Im Jahre 1982 entdeckten wir nahe der Wittekindsburg bei Rulle allerdings etwas Besonderes. Der Student Heinrich Detert fand heraus, daß eine Reihe von Individuen reine ›Dschäd‹-Rufer waren. Erst in der entfernteren Nachbarschaft gab es einen reinen ›Hüid‹-Rufer. Der Rest der Vögel aber war ›zweisprachig‹. Sie wechselten nach einem oder mehreren Rufen des einen Dialekts zum anderen.

Alle hielten die beiden Dialekte säuberlich getrennt. Sie verwendeten sie allerdings in unterschiedlicher Häufigkeit. Manche Vögel riefen jeden Dialekt ungefähr gleich oft. Andere tendierten ganz stark zum ›Dschäd‹ oder zum ›Hüid‹. Doch haben wir einen Buchfinken selbst dann einen Mischrufer genannt, wenn er unter Hunderten von ›Dschäd‹-Rufen nur einmal ein ›Hüid‹ brachte.

Lange Zeit hatten wir nur staunend diesen Tatbestand festgestellt. Eine Erklärung für die ›Zweisprachigkeit‹ der Buchfinken von der Wittekindsburg fiel uns nicht ein. Bis zu jenem Tag, an dem Heinrich Detert einen Fehler machte. Er nahm mit dem Tonbandgerät einen im Gebüsch versteckten ›Hüid‹-Rufer auf. Nach ihm hatte er im engeren Untersuchungsgebiet schon lange Ausschau gehalten. Allerdings erschien ihm der Rufer merkwürdig unstet. Als er schließlich aus den Büschen auftauchte, war es ein Zilpzalp. Unser Beobachter hatte sich durch die Ähnlichkeit der Rufe täuschen lassen.

Bei genauerer Betrachtung stellte sich heraus, daß das Buchfinken-›Hüid‹ mit dem Zilpzalp-›Hüid‹ in allen Einzelheiten übereinstimmte. Hatten sich auch die Buchfinken täuschen lassen und das monotone ›Hüid‹ des Zilpzalps neben dem ›Dschäd‹ eines Buchfinkenvorsängers versehentlich mitgelernt?

Daß Buchfinken ihren Regenrufdialekt ebenso wie den Gesang lernen müssen, ist längst aus exakten Experimenten bekannt. Aber daß sie auf artfremde Gesänge hereinfallen, ebenso wie der menschliche Zuhörer, scheint sich erst in jüngerer Zeit mehr und mehr zu bestätigen.

Rechts oben: Kein Buchfink singt wie der andere. Doch verfügt nahezu jedes Buchfinkenmännchen über mehrere verschiedene Strophentypen, die sich in Elementen, Silben, Phrasen und jeweils einen Endschnörkel gliedern lassen (a). Der Volksmund erfindet gern Umschreibungen für Vogelgesänge. Die beiden letzten Elemente (b) mit den Silben ›reuth‹ zutreffend wiedergegeben.
(Sonagramm: H.-H. Bergmann)

Rechts: Die Buchfinken besiedeln alle Waldtypen, Gärten und Parks. Der Buchenwald gab ihnen den Namen.
(Foto: Wothe)

Aus zwei verschiedenen Dialekten ist eine neue ›Sprache‹ geworden

Zwei Jahre später befinden wir uns am gleichen Ort. Wir sind gespannt, ob die Buchfinken immer noch zweisprachig rufen. Und tatsächlich finden wir Mischrufer mit ›Hüid‹ und ›Dschäd‹ im Wechsel. Zudem fällt uns ein Vogel auf, der noch anders ruft. Sein Regenruf klingt zwar ähnlich wie ›Dschäd‹, ist aber deutlich hochgezogen. Es kommt ein ›Dschäid‹ heraus. Der Gehöreindruck bestätigt sich im Sonagramm. Es ist, als habe der Buchfink versucht, beide Dialekte nicht nacheinander, sondern gleichzeitig zu rufen. Er macht einen Kompromiß zwischen ›Hüid‹ und ›Dschäd‹.

Nach diesem Befund verstehen wir auch einen anderen Dialekt besser. Wir haben ihn beispielsweise am Dümmer, aber auch in einem ganz anderen Gebiet, auf der Insel Reichenau im Bodensee, wiedergefunden. Hier beginnt der Ruf mit einem ansteigenden ›Hüid‹ und endet mit einem Anklang von ›Dschäd‹. Wir können diese Anteile mit dem Gehör nicht trennen und machen ein ›Brid‹ daraus. Anscheinend haben auch diese ›Brid‹-Rufer versucht, einen einzigen Dialekt aus zwei verschiedenen Formen herzustellen. Ob ihre ›Sprachreform‹ wieder zu einem Urdialekt zurückführen wird, bleibt abzuwarten.

Noch ist unbekannt, was Buchfinken mit ihren Regenrufen eigentlich ausdrücken. Die einen äußern sie nie, die anderen zu allen Tageszeiten oft auch dann, wenn sie eigentlich richtig singen müßten.

Solange wir nicht eines Besseren belehrt werden, glauben wir, daß die Regenrufe eine Art unterdrückten Gesanges darstellen. Dafür haben wir noch einen ganz andersartigen Hinweis: Beim verwandten skandinavischen Bergfinken besteht der volle Gesang allein aus Rufen ähnlich den Regenrufen des Buchfinken.

Zur Zeit wissen wir noch zuwenig über diese Sprachprobleme der Buchfinken. Dabei scheint das Wiehengebirge ein geeigneter Ort zu sein, um weitere Entdeckungen zu machen.

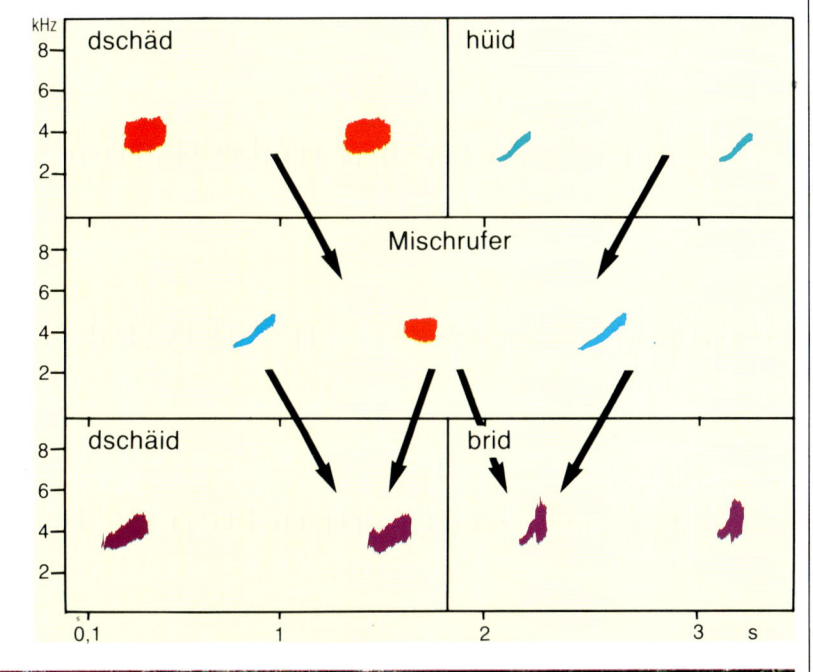

Links Mitte: Die Sonagramme lassen die Unterschiede von Regenrufdialekten der Buchfinken erkennen: Zwei häufige Dialekte aus dem Wiehengebirge, oben. An der Wittekindsburg bei Rulle wechseln viele Buchfinken zwischen den Dialekten ab (Mischrufer), Mitte. Einige Vögel rufen die Dialekte nicht im Wechsel, sondern gleichzeitig. Die neue Mischform (lila) klingt anders als die Ausgangsdialekte: ›brid‹ entsteht aus ›hüid‹ und ›dschäd‹, unten.
(Sonagramm: H.-H. Bergmann)

Unten: Der Buchfinkenmann singt gern von einer erhöhten Warte aus.
(Foto: Cramm)

Wandervorschläge Dümmer, Stemweder Berg, Wiehengebirge

Die erste der drei speziell für unsere Leser ausgearbeiteten Wanderung führt um den Dümmer herum. Sie bietet von erhöhter Deichwarte Ausblicke auf eine ungewöhnliche Vielfalt von Vögeln, die auf dem Wasser oder im Schilfbereich leben. Die Nachteile der Eindeichung werden an vielen Stellen sichtbar.

Die zweite Wanderung geht rund um die mit Buchen bestandenen Kalksteinhügel des Stemweder Bergs (181 m Höhe). Sie ermöglicht weite Rundblicke über das umliegende Flachland und vermittelt einiges über die Naturgeschichte dieses Landstrichs in Form von fossilen Muscheln und Schwämmen.

Auf der dritten Wanderung sehen wir Spuren friedlich und räuberisch lebender Saurier, die vor rund 140 Millionen Jahren die Uferregion des damaligen Jurameeres bevölkerten. Auf dem Wege dorthin durchqueren wir die noch naturnahen Täler der Hunte und des Glanebachs.

1 Strecke: Hüde — Südufer — westliches Vogelschutzgebiet — Rüschendorfer Wiesen — Olgahafen — Nordufer — Lembruch — Naturschutzgebiet ›Hohe Sieben‹ — Hüde. Die Wanderung ist ewa 18 Kilometer lang. Man sollte 6 bis 8 Stunden dafür einplanen. Von Vorteil ist ein Fernglas.

Wer die Naturschutzgebiete um den Dümmer von der Landseite her kennenlernen will, muß zwangsläufig mit einer Deichwanderung vorliebnehmen. Hüde, an der Süd-Ostecke des Dümmers, ist dafür ein geeigneter Ausgangspunkt. Es empfiehlt sich, von hier aus den See im Uhrzeiger-Sinn zu umwandern. Wer morgens aufbricht, hat die günstigsten Lichtverhältnisse.

Nur wenige Schritte teilen wir mit den Sommergästen, dann folgen wir dem Deich ein Stückchen nach Süden und gelangen über eine Holzbrücke auf das jenseitige Ufer eines träge dahinfließenden Entwässerungsgrabens, an dem grüne Wasserfrösche auf Beute lauern.

Hinter der Brücke schwenkt der Weg wieder ein wenig nach Norden ein, und bald befindet man sich in einer herrlich amphibischen Welt. Vor dem Beschauer liegt eine über vier Kilometer weite Wasserfläche. Das jenseitige Ufer ist gerade noch zu erkennen. Die Ost-West-Ausdehnung ist geringer, beträgt aber immer noch respektable drei Kilometer.

Zu Füßen breiten sich Inseln von meterhohen blaugrauen Binsen aus. Dazwischen gibt es weite Flächen, die von blühenden Seerosen bedeckt sind. Die offene Wasserfläche dahinter erglänzt bei gutem Wetter im herrlichsten Blau. Aber man sollte sich nicht täuschen lassen: Das Wasser ist in Wirklichkeit trübe wegen seines Reichtums an Algen und anderen Mikroorganismen, die hier durch Nährstoffanreicherung gut gedeihen.

Dieses Naturschutzgebiet am Südende des Dümmers ist mit Abstand das schönste. Man sollte sich für die erste Begegnung Zeit lassen und, wenn möglich, das Wochenende meiden. Die günstigste Jahreszeit ist für den Vogelfreund das Frühjahr zur Brutsaison, aber auch der Sommer mit den flüggen Jungvögeln bietet Interessantes.

In der Mitte dieses Gebietes steht eine hölzerne Schutzhütte mit Treppe und Plattform auf dem Dach. Von hier hat man einen besonders schönen Überblick. Es ist ein Dorado für Vogelfreunde: Graureiher, Störche, Trauerseeschwalben, Brachvögel, Rohrweihen und viele andere geben sich ein Stelldichein.

Wer allerdings auf die Idee kommen sollte, der Deich mit seinem angenehmen erhöhten Blick sei nur zur Freude der Vogelfreunde angelegt worden, muß sich eines Besseren belehren lassen. Es sind handfeste Interessen von Landwirten und Wassersportlern sowie Besitzern von Ferienhäusern und Campingplätzen, die hier miteinander gerungen haben. Das, was für den Naturschutz gerettet werden konnte, sind im Grunde nur kümmerliche Reste eines früheren Paradieses. Der Eingeweihte weiß, daß die Vogelwelt bereits beträchtlich artenärmer geworden ist.

Auf unserem Weg erreichen wir jetzt den Hauptzufluß des Dümmersees, die Hunte. Ihr trübes Wasser zeigt die Ursache des Nährstoffreichtums im See. Auf einer Brücke geht es über den Fluß.

Der Weg auf dem Deich führt jetzt etwa vier Kilometer weit genau nach Norden. Wieder schiebt sich ein Verlandungsgebiet von ungefähr ein Kilometer Breite in den See vor: Es ist ein nahezu geschlossenes Schilfdickicht. Stellenweise macht sich auch Weidengebüsch darin breit und nimmt uns selbst von unserem erhöhten Deichstandort die Sicht auf den See. Am Fuß des Deiches und an Grabenrändern blühen gelber Gilbweiderich und roter Blutweiderich in großen Flecken. Es sind die Charakterpflanzen im Juli und August.

Auf diesem Abschnitt der Wanderung, von der Hunte bis zum sogenannten Olgahafen, trifft man selten einen Menschen. Das schwermütige Rufen der Kiebitze und Brachvögel ist eine sehr wirkungsvolle musikalische Untermalung der Marscheneinsamkeit. Nach etwa drei Kilometer kommen wir wieder zu einer Schutzhütte mit Aussichtsplattform. Wenn man von hier nach Westen, also der seeabgewandten Seite, blickt, erkennt man einen Kanal, der den Deich in etwa 400 Meter Abstand begleitet. Es ist der Ringkanal, der zusammen mit dem Deich die jährlichen Überflutungen bändigen und das Umland entwässern soll. Diese Maß-

NATUR BEOBACHTUNGEN VOM WEGE AUS

nahmen haben sehr in das Eigenleben des Sees eingegriffen.
Die Überschwemmungen waren früher zugleich auch ein Reinigungsprozeß, wobei Sinkstoffe und Schlamm weit über die Seegrenze abgeschwemmt wurden. Heute bleibt dieses Material im See. Es sei denn, es wird unter technischem Aufwand beseitigt. In den trockengelegten Teilen außerhalb des Deiches sind darüber hinaus wichtige Brutplätze der Vogelwelt verlorengegangen.
Wir treffen nun auf den Olgahafen mit Bootsstegen und Imbißständen und bekommen schon einen Vorgeschmack auf die Verhältnisse an der Ostseite des Dümmersees. Nach weiteren drei Kilometer, die um das Nordufer herumführen, trifft man auf erste Ferienhaussiedlungen. Hier ist es mit der Marscheneinsamkeit natürlich vorbei.
Im Wasser liegt ein Bagger, der über ein langes Rohrsystem abgesaugten Schlamm aus dem See entfernt. Wem diese Segnungen der Zivilisation zu viel werden, der kann die Rundwanderung jederzeit unterbrechen und per Auto oder Omnibus zum Ausgangspunkt nach Hüde zurückfahren. Wer jedoch die gegenwärtigen Verhältnisse am Dümmer genauer kennenlernen möchte, der sollte den Weg zu Fuß fortsetzen.
Sollte man angesichts des vielen Wassers Lust auf ein erfrischendes Bad verspüren, so wird das nichts, denn die bakterielle Belastung des Dümmers ist so hoch, daß das Baden untersagt werden mußte. Vielfach wird das ebensowenig beachtet wie das Radfahrverbot auf den Deichen. Wer letzteres dennoch tut, muß unangenehme ›Schlaglöcher‹ in Kauf nehmen, die von Bisamratten und Schermäusen herrühren, die hier offensichtlich beste Existenzbedingungen finden.
Inzwischen haben wir Lembruch erreicht mit einer großen Zahl an Ferienhäusern und Campingplätzen. Man sollte nicht versäumen, das Dümmer-Museum zu besuchen, das Dioramen der Vogelwelt und archäologische Funde zeigt. In einer weiteren Ausstellung macht man ›Bekanntschaft‹ mit dem Tierschriftsteller und begnadeten Beobachter W. von Sanden-Guya, der nach der Flucht aus seiner ostpreußischen Heimat hier lebte.
Unsere Wanderung führt weiter durch das Naturschutzgebiet ›Hohe Sieben‹, das wieder mit Schutzhütten und Aussichtsplattform versehen ist. Leider ist die Sicht auf den Dümmer und das Schilfmeer durch Weidengebüsch am Fuße des Deiches eingeschränkt. Zahlreiche Jungvögel fühlen sich aber gerade in ihm geborgen. Völlig zutraulich watschelt ein Grauganspaar mit halbwüchsigen Jungen vor uns über den Deich, um ins Schilf zu gelangen. Wer das scheue Wesen der Graugänse kennt, begreift schnell, daß

Oben: Froschperspektive: Die Entwässerungsgräben um den Dümmer sind ein Paradies für Wasserfrösche.
(Foto: Kaiser)

Links: Eine Rundwanderung um den Dümmer bietet vor allem dem Vogelfreund unvergeßliche Erlebnisse.
(Karte: cartodesign, H. Schultchen)

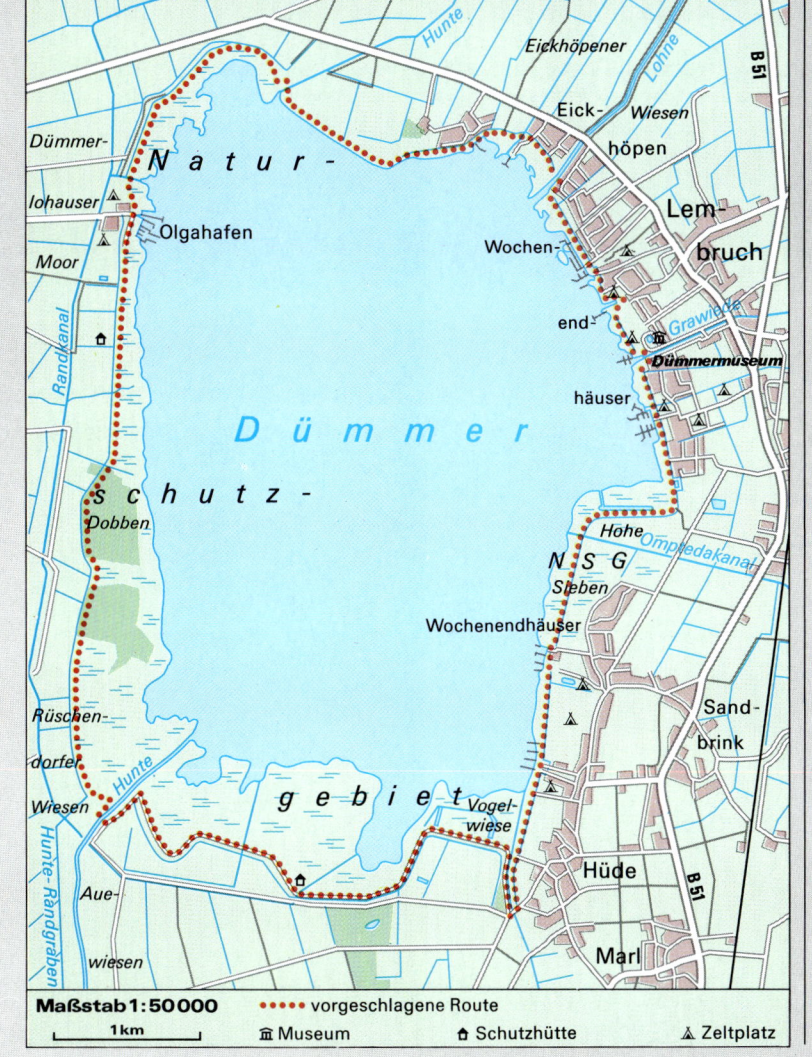

Oben: Auf ›nassem Fuß‹ steht der Gilbweiderich in der Verlandungszone des Dümmers.
Rechts: Der Blick vom Lemförder Berg nach Südwesten geht über fruchtbare Hänge und Niederungen bis hin zum Wiehengebirge.
(Fotos: Kaiser)

2 Strecke: Parkplatz an der Wilhelmshöhe — Lemförder Berg — Hannoverscher Berghaus-Weg — Klei — Scharfer Berg — Parkplatz an der Wilhelmshöhe. Die Wanderung ist 9 Kilometer lang, und man geht etwa 3 Stunden.

Der Parkplatz an der Wilhelmshöhe ist von der Straße Dielingen—Oppendorf aus zu erreichen. In der Ortschaft Haldem biegt ein Weg zu dem gleichnamigen Gasthof ab. Die Zufahrtstraße endet hinter dem Gasthaus.

An einem Querbalken, der die Straße sperrt, führt ein Hohlweg nach links in Richtung Norden durch dichtes Waldgelände mit viel Unterholz. Nach etwa 500 Meter trifft man auf einen etwas breiteren Weg, der zu einem Gehöft führt. Wir biegen aber vorher rechts ab und folgen nun bis zum Hannoverschen Berghaus dem Hauptwanderweg, der das ganze Berggelände von Westen nach Osten durchzieht. Nach wenigen Schritten lichtet sich der Wald und gibt einen herrlichen Blick nach Süd-Westen frei.

Von der nahen Höhe 115 sieht man über die Hänge der Stemweder Berge bis hin zum Wiehengebirge. Sie tragen hier wie ringsum fruchtbares Ackerland. Die Ackerkrume besteht aus feinkrümeligem Material, sogenanntem Löß, der durch die Winde der Nacheiszeit hier abgelagert wurde. Besonders fruchtbar ist der Dielinger Klei, eine waldlose Anhöhe von 92 Meter, die im Südwesten liegt.

Gelegentlich hat aber der Pflug größere Gesteinsbrocken hervorgeholt. Sie bestehen aus weichem Kalkgestein, das Abdrücke von Muscheln, aber auch ganze Schalen enthält. Steinbrüche, die auf älteren Karten verzeichnet sind, wurden leider zum großen Teil zugeschüttet.

Unterhalb der Höhe 115 finden sich aber noch einige solcher Aufschlüsse. Es handelt sich um Meeresablagerungen der jüngsten Kreidezeit, deren Reste man hier, aber auch auf der Nordseite der Stemweder Berge studieren kann. Ihre Wände bestehen aus dünnbankigen Kalken und sind malerisch von blühenden Ackerkräutern umwuchert. Am auffallendsten ist der meterhohe weiße Steinklee, der von Insekten umschwärmt wird. Malven und Mohnblüten vervollkommnen die Farbpalette.

Unser Weg führt uns wieder durch lichten Laubwald auf dem Kamm eines Höhenzuges entlang, dem Lemförder Berg. Links liegt eine Schutzhütte. Dann überschreitet der Weg die Anhö-

es sich hier um Domestikationsfolgen wiedereingebürgerter Tiere handelt, die sich infolge des Naturschutzes mit dem Menschen arrangiert haben. Uriger klingen da schon das Poltern und Brüllen der Rohrdommel im Schilf.

Vom Naturschutzgebiet ›Hohe Sieben‹ sind es noch drei Kilometer bis zum Ausgangspunkt der Wanderung in Hüde.

Diese Wanderung zeigt trotz der reichen Vogelwelt deutlich, daß die Urlandschaft am Dümmer, wie sie dort vor 100 Jahren noch existierte, bei den Auseinandersetzungen der verschiedenen Interessengruppen den kürzeren gezogen hat. Vogel- und Fischarten wurden geringer. Man muß den Eingeweihten zustimmen, Deich und Ringkanal umschließen viel zu eng den See. Seine biologische Selbstreinigung ist dadurch extrem herabgesetzt, und die Verlandung wird beschleunigt. Man versucht jetzt durch lokale Maßnahmen, die Folgen abzumildern.

Inzwischen ist der Dümmer zum Europareservat erklärt worden. Vielleicht steigen damit die Überlebenschancen der Vögel.

he und geht jetzt auf der Nordseite des Stemweder Berges entlang. Von hier ist der Blick noch großartiger als nach der Südseite. In der Ferne liegt die spiegelnde Fläche des Dümmersees mit regelrechten Wolkengebirgen darüber. Die ganze Landschaft scheint mehr aus Himmel und Wolken zu bestehen als aus festem Land. Zu Füßen dehnen sich Felder, die jetzt mit Getreide und Mais bestanden sind, bis hin zum geschäftigen Städtchen Lemförde. Dielingen, Stemshorn, Quernheim und Brockum schließen sich als größere Dörfer rechts und links an. Sie liegen am Übergang zum ebenen Marschland. Wer eine Ruhepause machen möchte, kann in wenigen Minuten das Hannoversche Berghaus erreichen.

Unsere Wanderung geht nun weiter am Waldrand entlang nach Osten, mit wiederkehrenden Durchblicken auf den Dümmer und sein Umland. Aufschlußreich ist hier das Studium der Ackerkrume. Wieder ist es Löß mit verstreuten Steinbrocken, die sich als fossilreich erweisen. Wer Glück hat, kann Donnerkeile von ausgestorbenen Tintenfischen finden. Die Verwitterung hat sie als härtere Bestandteile des weichen Kalkgesteins freigelegt. Sehr häufig finden sich knochenartige Bildungen. Doch die Freude, hier etwa auf Saurierknochen gestoßen zu sein, ist verfrüht. Es handelt sich in Wirklichkeit um herausgewitterte, ebenfalls versteinerte Schwämme. Ihre Natur wird aber erst offenbar, wenn man sie mit Hammer und Meißel aufspaltet. Im Innern zeigen sie eine feine Struktur von Kanälchen und Poren. Beim Zerlegen der größeren Kalkbrocken kann man dieselbe Struktur erkennen. Reste von Ammoniten sind ebenfalls nicht selten.

Wir wandern weiter am Waldrand nach Osten. In den Buchenstämmen kann man die Arbeit des Spechtes bewundern. Als Unterholz steht hier der Traubenholunder mit seinen korallenroten Beeren. Der Schwarze Holunder ist noch lange nicht so weit. An schattigen Orten blüht er noch. Auch die Krautschicht des Waldes ist gut entwickelt. An feuchten Stellen findet sich das Große Springkraut. Seine prallen, grünen Früchte berühren auch Erwachsene gern, um mit immer wiederkehrender Verwunderung den perfekten Schleudermechanismus zu erfahren.

Im Frühjahr blühen hier Schlüsselblumen und Aronstab. Eine Rarität ist die Berg-Kuckucksblume, eine weiß blühende Orchidee. Als weitere Besonderheit fand sich hier ein Hirschkäfer, leider nur ein geweihloses Weibchen. Die bevorstehende Pilzsaison wird von Stinkmorcheln eröffnet, die den Buchenwald lieben. Außer einigen Perlpilzen war aber noch nichts Eßbares zu entdecken.

Unmittelbar hinter einer Schutzhütte ist nun ein Wanderweg nach Süden einzuschlagen. Er trifft nach etwa zwei Kilometer wieder auf den west-östlich verlaufenden Hauptwanderweg. Jenseits des Weges liegt im Wald die höchste Erhebung dieses Hügellandes. Es ist der Scharfe Berg mit 181 Meter Höhe.

Nach Süden fällt das Gelände steil ab, im Gegensatz zu der Nordflanke des Stemweder Berges, die sanft geschwungen ist und bis an den Waldrand hinauf Ackerbau möglich macht. Wasser ist rar an den Stemweder Bergen. Das poröse Kalkgestein führt Regenwasser sofort in die Tiefe ab. Nur an der Nordseite gibt es einige Täler mit feuchtem Untergrund, aber selten tritt Wasser offen zutage.

Links: In diesem Steinbruch am Stemweder Berg sind Schwämme und Muschelabdrücke aus der Kreidezeit zu finden.
(Foto: Kaiser)

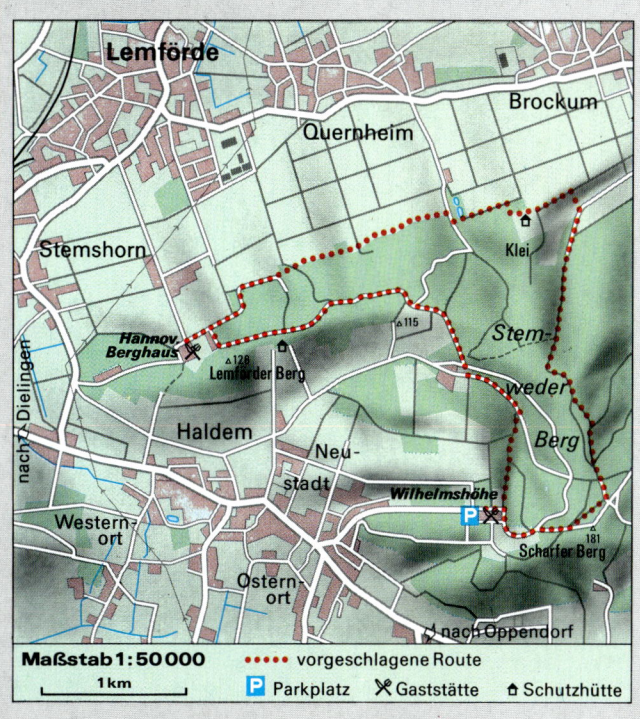

Unten: Unter den Höhen der Stemweder Berge liegt eine letzte und jüngste Gebirgsschwelle Norddeutschlands verborgen. Eine Rundwanderung führt durch schöne Buchenwälder mit weiten Ausblicken in die Umgebung.
(Karte: cartodesign, H. Schultchen)

Oben: Die Saurierfährten in einem Steinbruch unweit von Barkhausen im Huntetal sind ein Naturdenkmal ersten Ranges.
Rechts: Die Wegschnecken des Wiehengebirges zeichnen sich durch eine besonders schöne gelbrote Färbung aus.
Fotos: Kaiser

Unten: Der Rundweg führt von den Höhen des Wiehengebirges bis hinunter zu den Saurierfährten des Erdmittelalters im Huntetal.
(Karte: cartodesign, H. Schultchen)

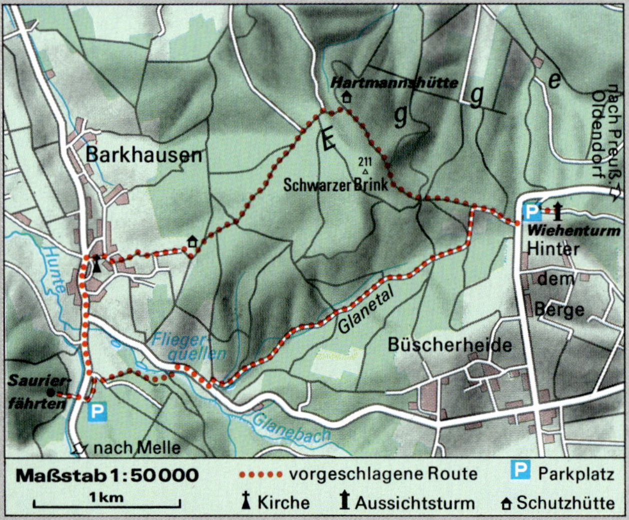

> **3** Strecke: Parkplatz zwischen Büscherheide und Preußisch Oldendorf — Wiehenturm — Hartmannshütte — Barkhausen — Saurierfährten — Glanetal — Parkplatz. Der Wanderweg ist etwa 8,5 Kilometer lang. Man benötigt dazu ungefähr 3—4 Stunden.

Von dem Parkplatz am Straßenknick halbwegs zwischen Büscherheide und Preußisch Oldendorf erreicht man in wenigen Minuten auf einem Fußweg den Wiehenturm. Aussichtsmöglichkeiten in diesem waldreichen Gelände sind sonst rar. Der 20 Meter hohe Holzturm überragt jedoch die umliegenden Bäume. Die obere Plattform liegt 227 Meter über dem Meeresspiegel und erlaubt einen weiten Rundblick über das Wiehengebirge sowie über das nördlich vorgelagerte Flachland.

Dort breitet sich eine freundliche und bäuerlich geprägte Kulturlandschaft mit vielen Siedlungen aus. Ein schmaler Streifen fruchtbaren Bodens hat sich am Fuß des Wiehengebirges in Form von Löß abgelagert. Hier verlief schon in alter Zeit eine wichtige Heerstraße in west-östlicher Richtung. Heute sind es Eisenbahn, Mittellandkanal und die Bundesstraße 65, die dort entlang ziehen.

Weiter im Norden ist Grünland mit Bruchwäldern zu erkennen. Bei Lübbecke weiter im Osten reichen die Feuchtgebiete beinahe an den Fuß des Wiehengebirges heran. Zwischen ihm und dem Mittellandkanal liegt das ›Große Torfmoor‹.

Auch der Blick nach Süden läßt fruchtbare Felder und wohlhabende Dörfer erkennen. Zwischen Wiehengebirge und Teutoburger Wald liegt altes Bauernland auf reichen Lößböden.

Nach dieser Orientierung von oben verlassen wir unsere Warte und durchwandern den Wald in westlicher Richtung nach Barkhausen. Wegzeichen dafür ist ein auf dem Kopf stehendes rotes ›T‹ mit weißen Quadraten in den Winkeln. Dazu überqueren wir die Landstraße vom Parkplatz aus und wandern auf einem Forstweg in den Buchenwald. Nach kurzer Zeit lichtet sich der Wald wieder und macht einigen Feldern Platz. Von links mündet ein asphaltierter Weg für die Land- und Forstwirtschaft ein. Wir lassen ihn links liegen. Auf dem Rückweg werden wir auf ihm aus der Tiefe des Glanetales heraufkommen.

Unser nicht befestigter Weg rechts der Höhe 211 ist durch Holzfuhrwerke ziemlich zerfahren, so daß man einen Fußpfad neben diesem Fuhrweg suchen muß. Im übrigen sind aber die Wegeverhältnisse auf dieser Rundwanderung unproblematisch.

Nach etwa 1,5 Kilometer taucht eine Schutzhütte, die Hartmannshütte, rechts am Wege auf. Rings sind Bänke und Tische angeordnet. Hier schwenkt der Weg nahezu rechtwinklig ab und führt nun nach Südwesten. Das Gelände ist hier sehr abschüssig. Wieder taucht eine Schutzhütte auf, und wenig später verläßt der Weg den Wald und gibt den Blick auf Barkhausen frei. Es ist ein ansehnliches Dorf mit einer Kirche aus dem Jahre 1783. Ringsum gibt es Höfe mit schönen Giebeln und geschnitzten Dielenbalken über den Türen. Wer eine Ruhepause einlegen möchte, findet auch eine Gastwirtschaft.

Unser Wanderweg trifft auf die nach Melle führende Landstraße, der wir etwa einen Kilometer zu folgen haben. Auf der rechten

Der Hauptwanderweg führt uns in etwa 15 Minuten wieder zum Gasthof Wilhelmshöhe mit dem Parkplatz als Ausgangspunkt.

Seite tritt ein bescheidenes Bächlein an die Straße heran. Es ist die Hunte, die wenige Kilometer oberhalb im Wiehengebirge entspringt.

Linker Hand liegen Parkplätze, und ein Wegweiser macht auf einen Pfad mit Brücke über die Hunte aufmerksam, der zu den Saurierfährten im jenseitigen Wald führt. Auf einem düsteren Hohlweg gelangt man in einen alten Steinbruch, an dessen Südwand die Abdrücke der Saurierfüße sichtbar sind. Diese aufrecht stehende etwa 50 Zentimeter dicke Schicht war früher Meeresboden. Die noch vorhandenen Rippelmarken weisen darauf hin, daß er mit großer Wahrscheinlichkeit im Tidenbereich lag.

Es lohnt sich, in dem Steinbruch auch nach lebenden Tieren Ausschau zu halten. Die hohe Feuchtigkeit begünstigt vor allem Weichtiere. Auffällig sind die schön rötlich-orange gefärbten Wegschnecken. Sie ersetzen die hier sonst schwarz gefärbten Artgenossen.

Nach diesem Aufenthalt geht es jetzt durch das schöne Glanetal aufwärts ins Wiehengebirge. Dazu benutzt man wieder den Fußweg zurück zur Landstraße und findet bei den Parkplätzen auch Orientierungstafeln mit Hinweisen zu den sogenannten Fliegerquellen. Sie liegen am Anfang des an dieser Stelle wasserführenden Glanetales. Von den Quellen werden Teiche gespeist, in denen Forellen gehalten werden.

Auf einem zunächst mit Betonsteinen, später mit Asphalt befestigten Weg gelangt man bequem weiter aufwärts. Autoverkehr gibt es auf diesem Forstweg glücklicherweise nicht. In der feuchten Talsohle gedeihen Orchideen, die dem Schutze der Wanderer empfohlen werden. Etwas höher liegt linker Hand ein kleines Wildgehege mit Rehen.

Nach etwa einem Kilometer wird das Tal trockener. Auf der rechten Seite, die mehr der Sonne ausgesetzt ist, gedeiht sogar ein wenig Heidekraut und in großen Teppichen das Schlangenkraut sowie der Keulenbärlapp. Das insgesamt etwa zweieinhalb Kilometer lange Tal wird nach oben zusehends lichter. Es tauchen Getreidefelder auf, und schließlich treffen wir wieder auf unseren anfangs benutzten Weg, der uns nun in östlicher Richtung zu unserem Parkplatz bringt. Damit ist dieser Rundweg beendet.

Informationen für Naturfreunde

Der 39 253 Hektar große Naturpark Dümmer gliedert sich in drei Landschaftsräume: Die Niederungen beherrscht der See, im Westen erhebt sich der Endmoränenzug der Dammer Berge und im Südosten liegt der aus Kalkstein bestehende Stemweder Berg. Seine Buchenhänge werden von eiszeitlichen Trockentälern durchzogen.

Der Naturpark Nördlicher Teutoburger Wald — Wiehengebirge bedeckt eine Fläche von 111 200 Hektar. Das Wiehengebirge ist die westliche Fortsetzung des Wesergebirges. Es erstreckt sich ungefähr von Lübbecke im Osten bis Engter Berg im Westen.

Naturschutzgebiete

Im Naturpark Dümmer liegen fünf Naturschutzgebiete.

Das Nordwest-, West- und Südufer des **Dümmers** stehen mit insgesamt 745 Hektar unter Schutz. Das Gebiet soll als Niederungslandschaft einschließlich seiner Pflanzen- und Tierwelt erhalten bleiben. Die Bedeutung des Dümmers liegt vor allem in der großen Zahl seiner Brutvögel: 138 Arten nisten dort. Mehrere unter ihnen wie Rohrdommel, Rohrweihe, Tüpfelsumpfhuhn und Trauerseeschwalbe gehören andernorts zu den Seltenheiten, kommen aber hier noch in beachtlicher Anzahl vor. Da der Dümmer ein Großüberwinterungs- und Rastplatz für nordische Entenvögel ist, wurde er vom internationalen Rat für Vogelschutz zum Europareservat ernannt. Jegliche Form der Jagdausübung ist untersagt.

Das Naturschutzgebiet **Hohe Sieben** erstreckt sich am Ostufer des Dümmersees auf der Höhe des Ompteda-Kanals in den See hinaus. Es hat eine Größe von 75,3 Hektar und schützt vor und hinter dem Deich vor allem die verschiedenen Entenarten.

Das Gebiet **Evershorst** liegt mit rund 24 Hektar östlich des Dümmers. In dieses kleine Wäldchen haben sich die Graureiher verzogen, die dort in der Zeit vom 1. 2. bis 31. 7. ungestört brüten und ihre Jungen aufziehen können.

Der **Huntebruch** ist der Rest eines Erlenbruchwalds mit einer Größe von 46 Hektar. Das **Oppenweher Moor** bedeckt eine Fläche von etwa 380 Hektar. In ihm kann man viele Maßnahmen erkennen, die zur Wiederbelebung von Mooren getroffen werden.

Im Wiehengebirge befinden sich zwei Naturschutzgebiete.

Der **Limberg,** südwestlich von Holzhausen gelegen, ist ein mit Hochwald bestandener Bergrükken, der auf 113,6 Hektar mehr als 40 verschiedene Baumarten trägt.

Südwestlich der Stadt Lübbecke liegt mit 4,6 Hektar der **Sonnenwinkel** mit abwechslungsreichem Buchen-Laubmischwald.

Naturlehrpfade

Im Naturpark Dümmer führt ein Forstlehrpfad um den **Scharfen Berg** herum.

Von der Wilhelmshöhe aus kann man am **Stemweder Berg** ebenfalls einem Forstlehrpfad folgen. Ein landwirtschaftlicher Lehrpfad geht von **Nierhüsen** aus im Tal der Hunte entlang. Ihm schließt sich ein Vogelschutzwanderweg an, der zum Dümmer führt.

Die Waldlehrpfade im Wiehengebirge weisen alle auf Baumarten sowie die Qualität des Holzes und seine Verwendbarkeit hin.

Der **Buntspechtpfad** in Bad Essen ist zirka 2 Kilometer lang. Er beginnt in den Waldkuranlagen südlich der Wassermühle.

Am Parkplatz Diedrichsburg beim Weberhaus nördlich von Melle führt der **Uhlenpfad** 1,5 Kilometer weit durch den Forst.

Etwa 4,2 Kilometer lang kann man dem **Waldlehrpfad im Huntetal** folgen.

Ungefähr 3 Kilometer lang ist der Waldlehrpfad **Rödinghausen,** der am Maschberghang entlang geht.

Auf der Kammhöhe **Kahle Wart** beginnt eine 2 Kilometer weite Führung um die Kahle Wart zu den Aussichtspunkten in das Ravensberger Land.

Wildgehege

In Westrup am Stemweder Berg liegt ein Tierpark mit Schwarz-, Dam- und Rotwild.

Zwischen Wagenfeld und Minden findet man den Tierpark Ströhen, in dem 76 verschiedene Säuger, unter denen sich der rückgezüchtete Tarpan befindet, und 163 Vogelarten gehalten werden.

Der Wildpark in den Meller Bergen zeigt Wildschweine, Mufflons und Damwild.

Das Magazin nach allen Regeln der Kunst.

HB KUNST FÜHRER
Koblenz und der Mittelrhein

Eberbach: Großartiges Beispiel eines mittelalterlichen Klosters · Koblenz: 2000jährige Stadt an Rhein und Mosel · Schloß Stolzenfels: Neugotisches Denkmal eines romantischen Königs · Bonn: Spiegel rheinischer Geschichte von den Römern bis zur Gegenwart
N° 9

Bisher erschienen:
1 Würzburg und Mainfranken
2 Lübeck und Herzogtum Lauenburg
3 Aachen und die Eifel
4 Freiburg · Südlicher Schwarzwald
5 Münster und das Münsterland
6 Regensburg und die Oberpfalz
7 Oberammergau · Pfaffenwinkel
8 Heidelberg und die Bergstraße
9 Koblenz und der Mittelrhein
10 Schleswig-Holsteins Westen

Entdecken Sie Kunst – anders als andere.

Der HB-Kunstführer bietet Ihnen Kunst, wie man sie heute sieht. Und das anders als die anderen: Statt langatmiger Reisen in die Vergangenheit, begleitet er Sie in der Gegenwart. Spannend und kurzweilig.
Mit 150 ausgesuchten Farb- und Detailaufnahmen einer bestimmten Region. Mit Grundrissen, genauen Übersichts- und Lageplänen, ausführlichen Zeittafeln sowie einem Sonderteil mit einem Stil-Thema oder einem Künstlerporträt. 6 mal im Jahr 100 Seiten. Großformat 22 x 30 cm.

Eine weitere Serie aus dem HB Verlag, Hamburg.

HB KUNST FÜHRER